3句话提升沟通力

商业周刊—— 著

文化发展出版社
Cultural Development Press
·北京·

3句话提升沟通力

目录

前言·4

第一章　7招必胜沟通术，领导、客户统统买单·1

第1招　对领导只说大YES和小YES·2

第2招　跟领导沟通，先看时机·3

第3招　一句话讲重点·4

第4招　聊别人感兴趣的话题·5

第5招　递对方的"名片"·6

第6招　问"简单的问题"·7

第7招　把光打在别人身上·9

第二章　3句话，变身职场搞定咖·13

领导篇

情境1　领导经常改变意见和想法，该如何回应？·14

情境2　领导给我过多工作，要怎么让他知晓？·18

情境3　跟领导意见相左，该怎么表达己见？·22

情境4　如何跟性急的领导沟通？·26

情境5　犯了错，该如何让领导迅速消气？·30

情境6　领导对自己有误解时，该如何澄清？·34

情境7　任务遇到麻烦，领导询问时如何回报？·38

情境 8　如何向领导开口谈加薪？ ·42

情境 9　领导揪人吃饭，该怎么闲聊？ ·46

情境 10　领导称赞自己时，如何回应最恰当？ ·50

客户篇

情境 11　客户发火抱怨，该如何应对？ ·54

情境 12　客户说"别人比你们更便宜"时，该怎么回应？ ·58

情境 13　客户说"没时间"时，该怎么回应？ ·62

情境 14　如何面对客户的拒绝？ ·66

情境 15　陌生客户如何破冰？ ·70

情境 16　和刚认识的人换完名片后，如何开启话题？ ·74

情境 17　如何开口让客户愿意介绍朋友给你？ ·78

情境 18　如何挖出客户说不清楚的真正需求？ ·82

情境 19　客户犹豫不决时，如何加强销售力度？ ·86

情境 20　如何培养长期客户？ ·90

同事篇

情境 21　难相处、不爱合作的同事，怎么开口找他帮忙？ ·94

情境 22　催促他人进度时，怎么说才不会让人变脸？ ·98

情境 23　如何说服资深同事教我？ ·102

情境 24　同事向我抱怨上司、同事，该如何应对？ ·106

情境 25　爱八卦的同事找我聊天，该怎么拿捏谈话内容？ ·110

情境 26　如何回应别人对自己的批评？ ·114

情境 27　同事要求我帮忙，如何婉拒？ ·118

情境 28　对同事做得不够好的地方，如何做建议？·122

情境 29　下属向我抱怨其他组员时，该如何回应？·126

情境 30　伙伴犯了错，该如何向领导说明？·130

第三章　善用 Line（或微信），沟通无往不利·135

情境 31　领导早也 Line，晚也 Line·136

情境 32　搞什么？群组同事都在拍马屁·137

情境 33　领导发火，公开"修理"我·138

情境 34　好想低调退出无聊群组·139

情境 35　不得已要用 Line 请假·140

情境 36　啊！误传抱怨信息给领导·141

情境 37　线上检讨会，凡骂过必留下痕迹·142

情境 38　已读 20……没人回应也太凄凉·143

情境 39　时间就是金钱，我的钱都花在回 Line·144

情境 40　被加入太多无关的工作群组怎么办？·146

前言

你我或许都有这样的经历：应答领导时，脱口而出的一句话，让领导立刻变脸，甚至火冒三丈。和同事合作时，因为太口无遮拦被当成白目咖。或者，在脸书、Line 完全是个 High 咖，在社交场合却变句点王、省话一哥、一姐，不知和人聊什么。

根据《商业周刊》2014 年的"职场沟通力"网络调查，高达 96% 的人认为自己沟通力不佳，有碍职场表现，除此之外还有以下几个现象。

一、65% 的人自认为在职场上遇到沟通方面的困扰。

二、年纪越轻，困扰越大。二十岁到二十九岁，有沟通困扰者占 68%，五十岁到五十九岁的占 58%。

三、最难沟通的人：领导。有近六成的人认为，最难沟通的是领导，接下来依次是陌生人、同事和客户。

四、比起男性，女性更觉得跟领导沟通有困难。

五、男性比女性更怕对陌生人开口。若对象是陌生人，认为自己有沟通困扰的男性达 51%，远超过女性的 35%。

六、薪水越低，困扰越大。月薪低于两万元新台币，70％有沟通困扰；但月薪超过十万元新台币的人，有沟通困扰的也高达62％，比率不低。

调查指出，受访者认为有助改善沟通困境的关键，前三名分别为接话反应（74％）、专业程度（60％）、话题（56％），然后是表情、声调、肢体。

这显示台湾上班族最头疼的沟通困境，就是发话破冰与接话反应。

根据美联社和《福布斯》（Forbes）的报道，人类的平均注意力已从2000年的十二秒钟，缩短到2012年的八秒钟。史上注意力最短的时代来临，意味着你开口说话时，对方在八秒内就会决定对你的评价。

香港中文大学普通话教育研究及发展中心发现，正常语速每分钟约在一百八十个到二百二十个字，平均每秒钟约三个到四个字。若按八秒钟计算，在二十四个到三十二个字，大约三句话。

回头看《商业周刊》职场沟通力的调查，上班族认为最困扰的沟通关键是"接话"，呼应八秒钟的注意力时间，意味着多数上班族在第一时间让领导、同事、客户买单的挑战，比过去所有时代更为迫切。

想提升第一时间说对话、接对话的能力，首先要厘清两大误区：

误区一，专业程度有助于沟通，错！

沟通本身就是另一种专业，属于和专业技能平行的职能。早在20世纪90年代，美国劳动部便将沟通力与专业力并列为五大职场能力之一，即两者都是需要时间培养的能力，不是具备其中一项，就等同于具备另外一项。

误区二，口才好就会破冰、接话，错！

沟通的重点并不是自己说就好，而是如何巧妙地让对方说。

另外，当（Line）成为办公室的沟通新软件，许多上班族却抱怨，领导时常用（Line）遥控，让自己每天二十四小时仿佛都在上班；群组内各种乱象，让人压力大。

面对因Line而来的各种职场沟通新情境，不管是下属或是领导，要如何无压力地使用Line，让它成为自己的职场助力，已经是现代上班族的必修课题。

书中特别邀请十五位沟通专家，针对四十个常见的职场情境，教你掌握关键时刻聪明回应的"江湖一点诀"。只要掌握诀窍并勤加练习，关键时刻就能说对话、不说错话！

第一章

7招必胜沟通术，领导、客户统统买单

沟通专家

王文华 / 金钟、金曲、金鼎"三金"典礼主持人
刘宝杰 /《关键时刻》节目主持人

与领导应对，与客户往来，以及社交场合的破冰，可以说是最困扰上班族的沟通问题，知名主持人王文华与刘宝杰特别分享了职场沟通的七大秘籍。

第1招　对领导只说大 YES 和小 YES

现代人沟通最大的困境是当下属的时候要怎么跟领导沟通呢？

刘宝杰认为，对领导没有 NO，只有大 YES 和小 YES。好比领导交代一件事，给一堆理由说办不到，这是零分；如果说 YES，想办法做出来，可能未必如意，但是再烂都有二十分。做到一个程度卡住，然后做不出来，领导也可以理解，原来你把我的话听进去了。领导最讨厌的，是不把他当领导看。

刘宝杰当预备军官时，最气下属不把他当排长看，不执行他的命令，这时他一定给予下属极大压力。因为中层领导处在一个可怜的位置，如果管不了下面的人，就会被上面的人折磨，所以会希望下面的人听他的指挥。如果领导交代什么事都说不行、办不到，这种下属他绝不用。

有的下属会提出很多问题，他认为"你做了再说""你做了，我们再讨论"。要你做的事情可以做不到，但是要让他知道你在做，不然就是交代你的事情，一直原地打转没有进度，他也会不开心。

到最后，很多是执行力的问题，是要求做的事要有进度、要使命必达，不是好或不好。

如果你无法忍受领导所讲的东西，那就离开。不要觉得做不到，又在那边抱怨。要么就改变自己、适应环境，最怕的就是不喜欢领导，又不离开，浪费双方的时间。

王文华说，职场上有两种人：搞定人和借口人。因为领导自己有很多烦恼,看到搞定人真的非常开心;太多借口人,则会让领导觉得很不耐烦。

第2招 跟领导沟通,先看时机

有种人有心想做搞定咖,却不善沟通,一开口就弄巧成拙,该怎么办?

王文华认为,跟领导沟通,要审时度势。

第一,时机。不管多好听的话,领导心情不好,怎样都听不进去;不管多么难听的话,领导心情好,怎样都好。所以察言观色很重要,看到他摆个臭脸,还敲门进去汇报工作进度,当然会被臭骂一顿。

第二,场地。比如说,办公室领导的座位前就不适合破冰,因为那个地方充满权威、严肃,搞不好你的领导刚刚被他的上司在那里臭骂一顿。那么要选哪里好?茶水间、翻报纸的地方,都是不错的选择,因为这些地方的氛围是轻松的,领导也离开了他的牢笼。

不过,有些地方也不适合沟通,譬如厕所。以前王文华当领导时,有个年轻的同事上厕所站在他旁边,劈头就说,领导我跟你讲的那个案子……那个人就有点不太会选择时机与地点跟领导沟通。

刘宝杰说,沟通时,营造气氛很重要,气氛不对,就什么都不对。好比今天大风大雨,你不用出门,如果是晴天,出门就对了。

要搞清楚沟通的目的是什么。如果要沟通真的有效果,就要促成那个局,有些时候气氛不对,什么都谈不成。在沟通里面,讲话可能是整个方程式的最后一句,气氛、领导想要的东西等设计,都比最后那一句话来得重要。

说到领导,你先想想你的领导喜欢谈什么。领导爱足球,就去了解足球;爱篮球,至少要知道 LBJ(美国 NBA 球员 LeBron James,绰号"詹皇")是谁吧?在办公室没办法表现,可是在茶水间时,就可以搭上话:"昨天那场看了没?那一球真是太棒了!"领导就说:"我看了,你也喜欢他吗?"你说:"超喜欢他的!"然后就打开了话题。

第 3 招　一句话讲重点

跟领导沟通,除了要注意时间和场地,还要注意"事"。

王文华认为,领导们的共同点是忙,没时间听你起承转合,你要很快切入重点。比如说领导喜欢搞定咖,你要说:"领导,三十秒告诉你,上次你交代的事情办好了。"结束。不要起承转合好像谈恋爱一样,领导听不清楚你讲什么事情,实在是很烦。

就算是坏消息,也要快速讲重点。例如,"领导,耽误你三分钟好不好?跟你报告一下这个月的业绩",结束。第一句话很重要,要确切让对方知道接下来发生什么事,你是耽误他三分钟,不是让他坐在那边三十分钟,听你一江春水向东流,不知道流到什么时候。你告诉他三分钟,他就会给你专注的三分钟。

刘宝杰说,以前(当记者)有个基本训练,导言不可超过一百个字。同样的道理,你要给自己一个限制,几个字内把话讲完,这要下功夫,要怎样把这句话丢出来,甚至连见面的第一句话都要先想过。

第4招 聊别人感兴趣的话题

面对客户,该怎么破冰?

王文华说,怎样跟别人谈对方有兴趣的东西,非常重要。日本横滨市的前市长林文子,曾担任日本福斯汽车、BMW、大荣企业的CEO,转到政界,也成功了。她有一本书叫作《恕我失礼,这样做是卖不掉的》,把做业务的心得写了下来。她说,业务员的通病,会说这里的咖啡豆太好喝了,要对方尝一下,恕我失礼,这样绝对卖不出去。你要观察对方喜欢什么,好比我看宝杰穿蓝色衬衫,我可以说:"你喜欢蓝色,我这边有蓝山咖啡。"要从对方切入,谈对方感兴趣的东西,建立安全感。对方会"结冰",往往是因为对方对你没有建立安全感。

但这并不简单,客户对什么感兴趣你都能讲出来,这种修养必须长时间累积。如果客户的话没办法接下去,没办法贡献意见,别人就不想跟你沟通了。

王文华举了这样一个例子。他到客户公司做训练,给各部门领导上课,在媒体上看到董事长竟然会打太极九式,而且练得很好。他就把这个资讯留了下来,过年写贺卡时他就会写:太极练得怎么样?这样,他下次与董事长碰面提出太极拳的话题时,就会有种不一样的感觉。这需要长期经营,而且要没有功利地经营,到时信手拈来才派得上用场。

刘宝杰认为,最后的讲话是你长期累积的表现。话题不是现学现卖,是需要累积的,不是讲话就是沟通。你的子弹要打得很精准,虽然平常没有见面,但是知道对方的动态,熟悉感就会出来,熟悉感出来,氛围就会出来,否则没办法在短时间内开始沟通、聊天。

以张某某为例,他应该是台湾最好的业务员,每天要看很多东西,所有半导体产业的动态,都要熟悉。刘宝杰很好奇为什么他要知道这些东西,后来他说:如果他不熟这些东西,怎么跟客户聊?怎么知道客户在做什么?怎么知道客户们需要什么?张某某已经是CEO,这么高的地位,每天还要花四个小时读资讯、客户研究报告,所以他今天可以掌握客户所有的资料,可以谈对方的需求和自己的储备,然后找到双方的共同点。

越厉害的人,用来沟通的时间越短,没什么废话,可以很快进入重点。而这背后要花很多时间去了解对方,在那之前要知道沟通的目的,找到共同点。沟通不是只要认识你就好,光认识有什么意义呢?目的是做生意,所以要找到做生意彼此的共同点。张某某年纪已经这么大,每天花这么长的时间去读这么硬的东西,巴菲特也一样,把四季财报当成书来看。

第5招 递对方的"名片"

陌生场合要怎么建立人脉?

刘宝杰说,陌生场合是另外一回事,不过,人们去参加一个陌生场合的聚会,一般都有些渊源。相对成功的人,都会知道自己为什么要出席这个场合,这是非常现实的。因此,见到你的第一面,当然知道要怎么跟你说话,怎么表达自己。

王文华认为,大部分人在社交场合,累积了很多名片,就觉得有人脉了,可是这样经营人脉,一开始就注定会失败。建立人脉应该从对方的角度,让对方对你留下印象。花点儿时间分析一下哪些符合对方的利益,而不是想自己可以从对方身上得到什么,当然终极目的可能如此,但是一开始不能表现得太明显。

通常大家都是递自己的名片,这绝对是无效的。因为任何值得你认识的人,离开这种场合时都会收到几十张名片,而他不可能记得其中任何一张,所以我们把顺序颠倒过来,你应该递对方的"名片"。

什么叫作对方的"名片"?你不可能有对方的名片,而是事先找到一个跟对方相关的东西。譬如我遇到刘宝杰,最好的就是拿着他的书:刘大哥你好,我是王文华,最近很喜欢你的书。所有人都递名片给他,只有你拿书给他签名,这让你跟他事后联络有个借口,这时要问一个对的问题,或讲一句令他印象深刻的话。例如,宝杰,书里让我印象最深刻的,就是你讲美国政治人物那一段。他一边签名一边听你讲,知道你有读他的书,已经有两件事情让他对你印象深刻:第一,你是唯一拿书给他签名的人;第二,说明你看了他的书而且抓住了重点。这时你可以做第三件事情,就是大家都会做的,是否可以跟他要张名片。他会给,但不代表他会回你的信,你就可以写信给他,并说,刘先生你好,我是昨天请你签书的人。他还是不一定会回你的信,但是至少,你在二十个人里面留下了清晰的脸孔。

第 6 招 问"简单的问题"

许多年轻人在网络上可以侃侃而谈,与人面对面交谈时却手足无措,沟通时到底要掌握哪些诀窍呢?

刘宝杰认为,关键是"问问题",绝对不是要展现你要讲什么,而是抛出对方有兴趣和觉得新鲜的东西。

知名脱口秀主持人拉里·金(Larry King),有一次访问一个物理学家,物理学家对他很冷淡,觉得他根本问不出好问题,结果拉里·金只问了一个简单的问题:"你们物理学家为什么要把问题讲得那么难?"物理学家说了一句:"不会啊!"然后就开始滔滔不绝地讲,事后两人变成了好朋友。

我一直记得拉里·金说的,要问简单的问题,并且是对方可以接住的,这样你们就会开始互动。

所以和人交谈有时候要开宗明义,但有的时候要先讲一个对方有兴趣的东西,先进那个门,真正要讲的东西放在第二、第三。

刘宝杰说:"就像文华说他看了我的书,还说他看了哪些内容。我就会想,他真的看了我的书,那我们可以从我的书开始聊起。我如果想认识某个人,也会刻意去看他最近做了哪些事,好比文华写了很多四十岁左右的心情,只要我提一些这方面的东西,就有话题可以进去了。"

真的不是口才很好,就会沟通,那只是末端。很多人一开始一直讲自己怎样,效果就打了折扣;想认识某个人时,就得花工夫去认识那个人,才有办法找到打开他心里大门的那把钥匙。

王文华说:"可以从很短的聊天中挖掘到一些共同点。像宝杰说他住在零零山庄,我很喜欢山,我就会好奇他怎么会住山上。他说常去永康街喝咖啡,我也常去,我们就可以聊哪一家店,还可以聊咖啡。这就是找共同点,交谈就可以延续下去。"

那么,问简单的问题有哪些技巧呢?

刘宝杰说,很多人讲话都话说从头,铺陈太久,听不懂。我们要学着把好奇点简单说出来。比如,美国某一年冬天很冷,你可以直接问:美国明尼苏达州怎么可能比莫斯科冷？找到新奇的点，让人可以讨论，最怕丢出的问题让大家不知如何回答，然后自己包山包海。

你不能只想着问题却不消化解决，确定要思考这件事情，但其中有个点却想不通，或者觉得有个点很诡异，而这个诡异的点也是别人重视的，这样大家才会想要讨论。消化清楚后才能够一个接一个问问题，不然一下子就没有交流了。

可以要求自己在几个字内把话讲完，成功的经验是，大概三句到五句话，就要把问题丢出来。

第 7 招　把光打在别人身上

大多数人觉得沟通就是很会讲，那么要怎么克服"听我说"的惯性呢？

王文华说，这是人性，因为人性都是从自己角度出发，会假设自己说什么别人就听什么，这是非常危险的假设。

他从文学进到管理后，才发觉要懂得把光打在别人身上，身为领导者，才能唤出团队能量，让大家发光发热。

他有一些克服的方法。第一点，一定要简单，不要贪心，要割舍。三十分钟讲两件事情就功德无量了。第二点，讲一件事情，停下来盘点一下，确定别人听清楚了。比如开会一开始说："各位，我们今天开会要讲两件事情，第一件事情，要清理办公室。"讲完这件事情我会暂停，问问大家是否清楚。可是很多会议不是这样，噼里啪啦讲一段时间，也不管别人有没有听清楚。

刘宝杰说，我还是强调问问题。有本书叫《执行力》，提到领导有两种，一种管很多，另一种什么都不管。领导通常很爱一直讲话，实际上不该这样。真正的好领导不是说我怎样，而是去问员工看到什么东西，做了多少，怎么看一件事。一个很糟糕的员工当然很怕领导问这种问题，但是一个好的员工，一定答得出来他做得怎样，完成度是多少。所以好的执行者是问问题的人，通过问问题让每个人都有表现，从苏格拉底式的对话方式，让对方感到尊重，让对方去想，把想要的答案说出来。

不要急着讲自己想讲的问题，也不是不讲话让别人讲，而是要制造机会给对方表现。不过，你要知道今天打光的目的，苹果光也不能乱打。

王文华说，问问题是很重要也很难的学问，可以体现一个人的实力。你只要问一个有实力的问题，在领导心目中的加分，胜过一百句平凡无奇的话。一方面要学习讲话，另一方面要练习问出有深度的问题。

刘宝杰和王文华举了两位政治领袖的例子，一位是美国前总统罗纳德·里根（Ronald Reagan），另一位是英国前首相温斯顿·丘吉尔（Winston Churchill）。

里根和沃尔特·蒙代尔（Walter Mondale）竞选总统时，已经七十几岁，媒体问里根："你的年纪会不会是成为美国总统的障碍？"里根说："这次选举，我不想凸显年纪这件事，因为我觉得凸显我的对手青涩以及没有经验，是很没品的事。"自嘲和攻击都有，但是他把缺点转化成优势，狠狠戳了对方一刀，连蒙代尔都笑了。他的口气非常优雅，不是骂人，还带着微笑。

里根图书馆里陈列的里根笔记本，上面都是密密麻麻的笑话。在《美国总统七门课》一书中，里根的幕僚说，当别人都在念政策时,他在读故事和笑话,把这些都内化,才能信手拈来。

另一个是丘吉尔的例子。美国前总统理查德·尼克松(Richard Nixon)曾对丘吉尔的儿子说,你爸爸的演讲真是棒!他儿子说,这是应该的,如果有一个人把3/4的时间都拿来练习演讲,当然会很棒。

里根和丘吉尔的故事说明了,说话这件事是需要练习的,包括累积故事和笑话。这样一来,信手拈来的反应极好,你也会成为氛围的一部分。

第二章

3句话，变身职场搞定咖

沟通专家

王介安 / GAS 口语魅力培训创办人
李佳蓉 / 磊山保经董事长
林世伟 / 台湾 IBM 前软件事业处副总经理
张敏敏 / 智纬管理顾问有限公司总经理
黑立言 / 卡内基训练大中华区执行长
蔡素玲 / 国泰人寿展业内湖通讯处课长

领导篇

情境 1

领导经常改变意见和想法,该如何回应?

领导：

刚刚那个案子,我觉得好像也可行。你去提一个完整方案。

NG 说法 ✗

好!我马上去做!
(不问清楚,多做无用工)

OK 说法 ✓

我先来做个小结,1、2、3……
(清楚重点摘要),这样对吗?

这样说不会错

1. 花几分钟做个小结。
2. 条例要点 1、2、3……
3. 请求领导确认。

王介安解析：

像颗蛋滑不溜丢、怎么摆都不对的善变领导，大致上可以分成两类。第一类是目标很明确，但执行步骤很模糊。这类领导普遍认为自己指引的方向很明确，却没有拟定清楚的策略，导致员工很难搞清楚领导究竟希望他们做什么。

第二类善变领导之所以变来变去，是因为缺乏自制力，什么都想做。前一天从朋友那里听到一个好点子，未经深思，隔天就在公司宣布新政策；或是四处寻找有钱赚的方案却无法持续，每次都当成一次性实验，不仅自己疲惫，也累坏了员工。

员工面临领导朝令夕改，为图方便执行，不是硬着头皮先上火场、错了再改，就是宁可做无用功，把所有想到的情况全都做到，领导想怎么改都可以调整。

上述两种应对之道都很糟糕。第一种员工怕麻烦，所以"先上火场，错了再改"。如果结果是对的，领导会因为被蒙在鼓里、你先斩后奏而勃然大怒，你的当机立断容易被解读成"爱耍小聪明"；如果结果是错的，或者在过程中发现不对劲儿才汇报，领导肯定发火，你也得花数倍力气才能弥补错误，让自己陷入更大的麻烦。

想搞定善变的领导，一切以"不耻下问"为原则，立刻确认领导的想法。当会议告一段落或结束，立刻整理会议内容的要点，并且征求领导的意见，切记不要当场质疑善变的领导。

像这样，主动制造双方一来一往的互动机会，会让领导的指令更为明确，减少模棱两可、语意不清的情况。

除了现场归纳、即时回应之外，会议前先做好"沙盘推演"，预先模拟领导可能会有的忧虑、疑惑，在领导下达指令前，立即回复他担心的任何疑问，甚至领导没想到的各种问题，有助于尽早走出朝令夕改的恶性循环。

如果上述事情你都做到了，渴望进阶到管理层，何不尝试记录与领导互动的"沟通经验"？

"沟通经验"即记下每次跟领导沟通的过程，包括日期、地点、内容、领导说的重点、自己的回话、领导的反应等内容。长期累积下来，便可以归纳出领导几类思考和回应的惯性逻辑，下次又出现类似或表面看起来相同的问题时，你便可以大致掌握领导的反应和想法，预先为领导准备好下一步，工作情绪不但不会再受领导的善变而影响，更会让领导对你刮目相看，并赢得信赖，成为领导不可或缺的左右手。

重点心法：现场归纳结论、礼貌向领导确认结论重点。

其他 OK 说法

- 我先做做看,如果有需要调整的地方,可以及早告知吗?(表达行动意愿又没说死,为彼此预留空间)

其他 NG 说法

- 领导,你确定要做吗?(不能因领导善变而质疑他)

哪些情境也适用

- 跨部门会议讨论,什么都还没确定时。
- 小组团体发想企划案。

领导篇

情境 2

领导给我过多工作，要怎么让他知晓？

领导：

行销部临时接到一个 Case，之前你处理过类似专案，就交给你负责好了。

NG 说法 ×

可是我已经快要忙死了……

OK 说法 ✓

可以，不过我目前手上还要完成 ××，可不可以延几天或加人？（提出解决方案）

这样说不会错

1. 认同指令。
2. 告知领导自己目前的状况。
3. 提出解决方案。

王介安解析：

身为上班族，最重要的是反应！这种状况经常出现在组织中，多数上班族若不留心，特别容易因为自我情绪，做出负面反应。对领导做出负面反应，等于拒绝领导为你累积的信任存折，久而久之，你将无法得到任何表现的机会。但是，每个上班族的时间和能力的确有限，领导一直把任务加诸自己身上，也的确让自己很有压力。

领导交办下属任务，最讨厌听到下属给予负面反应，然而负面反应最容易透过两种表述方式脱口而出。

第一类是语气反转的连接词，如"可是""但是""不过"。跟领导回话时，要特别留意禁用"可是""但是"开头，通常主题还没说，一出现这两个字，对方已经察觉出你要泼冷水的气氛，同时自己内心的不满已经形成，即便"可是""但是"之后讲得再有道理，都会被拒绝。另外，站在领导的立场，他心里的想法是："没做就拒绝，缺乏尝试的勇气。"所以无论你内心感受如何，回应的第一步一定是先表达认同和尊重。

第二类是回话前的发语词和语气。语气经常跑在回话之前，要特别留心，你在回话前，是不是已经先叹了好大一口气？还是发出"啧""唉"此类表达嫌弃之情的发语词？这些语词会让你接下来要说的任何话都大打折扣，就算你表达出勇于任事的态度，领导也会怀疑你，甚至认定你就是在推卸工作，做得心不甘情不愿，影响日后领导交办任务给你的机会和意愿。

表达认同之后，当然不是呆呆地答应完，然后把自己累到爆肝，接下来应该利用半天或一天的时间，花点时间了解新任务的执行范围、盘点资源，在无法调整既有任务的前提下，重新整理自己目前的时间分配、资源状态，还需要领导怎样的协助等，然后写封 E-mail 告知领导盘点的结果，并且逐条列出需要领导提供什么协助，诸如要加人、请领导引荐人脉等。

王品集团前董事长戴胜益建议，在这封盘点资源的 E-mail 最后，每位下属都应该反问领导一句："如果做不到会怎样？"他认为每位下属应该在接受任务之后，把这句话当成口头禅。站在领导的角度，听到员工反问这个问题，会认为员工很在意这项任务，不是领导交代就随便接的，而是经过思考后才下的决定，会更主动地提供协助；而站在员工的立场，这个反问则有助于厘清领导的底线在哪里，可以降低心理压力与做无用功的风险。

重点心法：用寻求更多资源取代抱怨。

其他 OK 说法

- 没问题！加上这件事，手上有三个专案在两周内要完成，我先盘一下时间，再跟您讨论。（先肯定领导的要求，但不要表示一定做到）

其他 NG 说法

- 可是我上个专案还没做完呢。（工作推得太直接）
- 我怕没时间做，可以找别人负责吗？（工作推得更直接）

哪些情境也适用

- 临时被交办高难度的案子，须限时完成。
- 客户要求挂急单。

领导篇

情境 3

跟领导意见相左,该怎么表达己见?

领导:

A 方案一定不会卖,就选 B 方案吧!

NG 说法 ✗

我还是觉得 A 方案比较好。

OK 说法 ✓

谢谢领导的意见,
这点我倒是没想到。
或许我们可换个角度看……

这样说不会错

1. 深呼吸，谢谢对方意见。（用平静的语调）
2. 用"或许""如果""要不要"等语气转折词开头。
3. 提出其他意见。

王介安解析：

跟领导意见相左，要依领导的个性有所调整，切记不管领导看起来多亲和、多友善，领导就是领导，最让他反感的就是你不把他当成领导。所以遇到意见不合，一切以制造缓冲空间、避免言语冲突为上。

遇到强势的领导，多数上班族最直接的反应，无非启动心理防卫机制，开始维护自己的答案、再度坚定表明自己的立场，希望领导能够认同和接受，结果百分之百会造成反效果，激起领导更大的反感和愤怒，惹得他只想把你打趴下。

所以要向强势的领导表达不同意见，甚至是反对意见，第一句话一定是肯定、认同他。这不代表态度上的懦弱或绥靖政策，而是表明你尊重他的发言权和存在感，同时制造更多缓冲空间。

挑战在于，万一对方是极度主观、强势的领导，用无礼加否定，甚至是轻蔑嘲笑的态度来评断你的专案，你铁定一把火烧上来，那时该怎么冷静下来并表达认同？答案是：深呼吸，并告诉自己"放松、放松"，默数数字也可以。

接着用"或许""如果"等转折词开头，比较不带价值判断，再陈述自己的意见，会让领导比较愿意听；切勿使用"可是""但是"等连接词，这些词在语义上带有反向、否定的意味，基本上光讲这两个字，领导就会听出你要反对他，绝对听不进你的意见。

如果领导仍持反对意见，意味着他对此事早有定数，希望先用他的方式执行，建议你马上拉起嘴巴的拉链、上锁，任何意见，事后再说。

如果你的领导理性且善于沟通，通常他会用反问句来表达不同意见，如："你为什么这么想？"背后的用意是要你再度确认、厘清自己的想法是否朝着对的方向、在对的轨道上运行，还是已经偏差，代表他的确想知道你的想法、逻辑。

面对这类领导，最好的方法是采用"因为……所以……"的逻辑推演的说明句型，并把一项项原因陈述清楚，让领导可以快速理解："从A方面看，因为……所以……从B方面看，因为……所以……"

同时在表述中务必要引用数据来证明自己的论点。因为这类领导够理性，足以跳脱出主观的感受，与其说他想纠正你的意见，不如说他更渴望知道意见背后有什么强而有力的证据，是他没想到的，有助于其做出正确而精准的决策。

重点心法：制造缓冲空间，避免言语冲突。

其他 OK 说法

- 我完全同意你的说法。根据过往的经验……（先认同对方，再提出不同意见，接受度较高）

其他 NG 说法

- 用"可是……"或"但是……"开头的句型。（会让对方感到你要提出反对）

哪些情境也适用

- 开会时多方争执不下。
- 客户抱怨产品不够好。

领导篇

情境 4

如何跟性急的领导沟通？

领导：

××说话老是不先讲重点，
难道不知道我的时间宝贵吗？

NG 说法 ✗

领导，上回你在会议里面提到……
（话说从头）

OK 说法 ✓

领导，给我十秒钟。我最近有个想法，
可以在 X 个月内增加 X 成业绩，
想跟您约时间谈谈。

> **这样说不会错**
>
> 1. 告知领导要讲多久。
> 2. 一句话说完重点。
> 3. 要求约时间。

王介安解析：

多数人在沟通上遇到的问题，不在于时间的多寡，而在于缺乏说话的架构和重点：想到哪，讲到哪。这种即兴、缺乏组织的说话方式，很容易忽略以下三件事，导致沟通失败。

第一，无法掌握对方的情绪；第二，没有掌握对方想知道什么；第三，缺乏重点。尤其面对性急的领导，你越紧张、越是语无伦次，领导越听不进去；甚至严重到看见你就自动关上耳朵，让你连开口说话的机会都没有。

基本上，每个领导的性子都又急又没时间，他能给你的注意力很有限，所以跟领导表达想法时，不要贪心想一次到位，宁可分"两阶段沟通"：先给领导一个精准有重点的预告，然后再另外约时间，分享完整计划。所以关键是在第一阶段让领导对你的想法感兴趣。

首先，很重要的一件事情是，先预告要占用他几秒钟的时间，等于给对方一个心理准备："噢，才几秒钟，不会浪费我的时间。"这样会让对方在接下来的几秒钟内，专注于你的计划重点。此外，具体告诉对方需要多少秒，比如"二十秒""三十秒"，会比模糊地说"占用你几秒钟"更能让对方专注。

其次，要用一句话说完你的想法重点。直接讲出想法的内容，诸如：我有一个点子可以提高两成业绩；针对新事业，我想到新的组织架构，可以让 SOP（Standard Operating Procedure，标准作业程序）运作提高三成效率，然后跟领导约时间详谈。千万不要说："领导，我那天看了一部电影，让我联想到一个计划，跟您之前讲的方向不谋而合，我觉得……"领导当下没时间听你话说从头，而且此时此刻你的重点应该摆在引起他的注意，而不是表达个人意见；如果无法引起注意，你就不会得到领导的任何时间。

即使你具体的说法，已经成功引起领导注意，此时，因为你已经说出只要"十秒钟"，所以就算他产生兴趣，记得还是要离开办公室，千万不要见到领导正面回应便开始滔滔不绝。

为何此时不能打蛇随棍上呢？因为你无法掌握领导到底有多少时间，他的注意力可能很快又会转回眼前的急事；同时在无法预知的时间里，你很难完整陈述完一个专案，加上没有事前准备，说话容易缺乏重点和结构，领导听不到重点，之前被点燃的兴致便会因此熄灭。最佳的方法是趁他有兴趣时赶紧约时间，准备充分之后，在约定的时间内用证据和重点牢牢抓住领导的注意力才是王道。

重点心法：开口前要想好重点和架构。

其他 OK 说法

- 领导,您上次交办的事情,结论是……重点 1、2、3……(结论破题、再说重点)

其他 NG 说法

- 领导,您上次交代我办的事,我后来是这样做的……(没有结论只有过程)

哪些情境也适用

- 任务执行不如预期,出现错误。

领导篇

情境 5

犯了错，该如何让领导迅速消气？

领导：

这么简单的问题，为什么你每次都搞错？

NG 说法 ✗

因为……（急着解释）

OK 说法 ✓

好，我知道了，等一下去改。

这样说不会错

1. 口头表达"我明白、我了解、我懂"。
2. 轻微皱眉、眼神直视对方。
3. 缓慢点头。

王介安解析：

这个情境真的很难！个性再温和的上班族，面对领导非理性质问或责备，甚至谩骂，很容易被激得恶言相向，隔天立马递辞呈。

为什么恶言容易脱口而出？

因为领导的质问、责备或谩骂，会让我们的大脑感受到威胁和恐惧，这样一来，管理情绪、较慢进化成的高等脑，会立刻把主控权交给管理生命系统的低等脑，而低等脑只要感到威胁和恐惧，来源无论是狮子、老虎追着我们跑，或是领导谩骂，在生理上都会导致肾上腺素分泌增加、呼吸急促、血压升高，在心理上则会启动心理防卫机制，不自觉地想自保和反击，恶言便会脱口而出。

如果是你的错误导致领导气到脸暴青筋，记得在他轰炸的过程中，认真多做几次深呼吸，或者在心里默念"放轻松、放轻松"，设法转移大脑的注意力，降低恐惧感和威胁感，便可以避免不自觉的言语冲突。

等领导轰炸完，首重息怒、降低伤害面积，所以第一时间的反应是"知错",不是"认错",更非"解释"。

此时要切记三件事情:不要笑、不认错、不低头。

"笑"代表你不但不知错,甚至轻忽错误,领导会认定你不把工作当一回事,最理想的表情是认真直视对方且面露思考状;"低头"的肢体动作让领导因为看不到眼神,得不到反应,更加强认为你错的印象,容易让领导持续借题发挥、啰唆到天荒地老。

你可以说"对不起""抱歉",这是对事情的结果表达遗憾,但不宜说"我错了""请原谅我",这是直接承认自己的错误;不是死不认错,是需要时间厘清责任归属,所以要再找适当的时间,等领导的大脑冷静下来再认错,而且非做不可。

最佳时机是事后面对面正式道歉,或当天写信表达认错之意,并解释错误的理由,说明自己看到了自身的哪些盲点;也可以在信中认错后,再约时间亲自说明错误的理由,并提出防患未然之道。他会理解并接纳,甚至觉得你是会从失败中学习的员工,立马能补回一些印象分。

如果领导错怪了你,第一时间的任务同样是息怒优先,事后写信或是私下面对面向领导说明,他会因为你帮他保留面子,而为你加分。

最无知的反应,莫过于把过错推给别人,这时领导心里的OS会是:"讲这五四三干吗?关别人什么事?"尤其万一替罪羔羊刚好是领导跟前的红人,那一定会罪加一等,你也铁定会被列入领导的黑名单。

重点心法:首重息怒,降低伤害面积。

其他 OK 说法

- 您说得对，抱歉，这点我当初没想到。（肯定对方说法，可稍减怒气）

其他 NG 说法

- 不是我的错，是×××害的。（推诿责任，罪加一等）

哪些情境也适用

- 开会时领导直接批评你的意见。

领导篇

情境 6

领导对自己有误解时，该如何澄清？

领导：
我刚刚已经这样交代，
为什么你会做出相反的决策？

NG 说法 ✗
我不是这个意思，您搞错了！

OK 说法 ✓
我了解您的意思。
针对刚才，我应该讲得更清楚一点。

这样说不会错

1. 我了解（表达接纳之意）。
2. 把解释权拿回来。
3. 分条列点解释内容。

王介安解析：

被领导误解的情境经常发生，回话之前，首先要判断，领导有没有要听你解释？如果领导已经认定事情是他想的那样，意味着他不愿意听你的解释，接话方式便回归到《如何让领导迅速消气》的接话原则，用表达了解、接纳来让领导熄火，不要一直为自己辩解，当下他绝对听不进去。

如果领导愿意听你解释，开头第一句同样是了解、接纳，无论是"我了解"还是"我懂"，都是以退为进、为自己制造答话的空间，也让对方想听。

空间制造出来后，接下来的重点是拿回解释权。要特别注意：千万不可以说"但是""可是""不过""并没有"此类有负面含义的转折词。听到这两三个字，领导刚打开的耳朵，铁定关起来。要怎样拿回解释权？简言之，就是将领导的大脑从误解的情绪转到理性的分析："根据××的资料……""针对刚刚提出的，我说得再清楚一点"，然后直接说明内容。

虽然领导愿意听你解释，说明的内容仍然要强调重点、逻辑，分条列点说明，而且时间要控制，建议用三到五分钟说清楚。如果对方仍然不买单，而且花更多时间攻击、挑衅你，并且坚守自己的看法，暗示着他其实已经决定要这么做，建议不要做无谓的坚持，把力气、时间投入规划和执行，都比说服一位有主见的领导来得更有建设性。

至于如何判断领导想不想听你讲，很简单。一是从他指责你的方式，是质问句（你是不是自以为聪明），肯定句（你根本没用心），还是带责备的疑问（事情怎么会搞成这样？你是怎么做的）。若是前两者，表示他有主见，摆明认定是你的错，多半不想听；后者多少有点解释的空间，你可以尝试看看。

二是无论他怎么说，你可以解释一次。如果你的解释不但没熄火，反而引来新一波责备，就别浪费唇舌了。

有时候，我们难免对"误解"过度在意，所以非要把话讲清楚，甚至要求对方一定要同意自己，否则就是人格受辱、世界缺乏正义公理。如此一来容易流于意气之争，把时间全都花在情绪宣泄的攻防上，伤人误事，毫无好处可言。所以务必拿捏每次"误解"的意义，不要做无谓的解释。

如果双方对事情有误解，由于共识会影响后续的规划、策略和执行，就有必要澄清，而且不分大小误解都要立刻确认每个人是否都搞清楚了。如果领导是误解你这个人，这样的误解通常木已成舟、构成意见，其实说太多也没用，平常认真踏实地做事，抓住每个表现的机会，时间自会证明一切。最糟的状况是，领导不但对你有成见，而且处处刁难、开始布局整你,那就眼睛放亮点,快找工作、打包走人,既然申请不了精神赔偿,何苦当受气包?

重点心法:坦然面对,但不要奢求对方一定会买单。

其他 OK 说法

- 我可能表达不够完整,根据过去的经验(或既有的资料)……

其他 NG 说法

- 你怎么会这么想?是谁说的?

哪些情境也适用

- 客户对于公司提出的条件认知不清。

领导篇

情境 7

任务遇到麻烦,领导询问时如何回答?

领导:

那个专案计划现在进度怎么样了?

NG 说法 ✗

嗯……领导……这个……
(因心虚讲半天讲不出来)

OK 说法 ✓

谢谢领导关心!老实说,
最近有点困难,想听听您的意见,
您有空吗?

这样说不会错

1. 表达"正需要您的意见"。
2. 用中性语句简述事情状态。
3. 请求约见时间。

王介安解析：

领导问起专案进度，无论此情境是发生在茶水间、书报区或他的办公室，都请上紧发条！倘若状况都在进度之上，那也 OK，但若如情境所言，专案进度延迟，而你没有抢先一步让他知道，等他主动问起，就算嘴巴上没讲，心里的警觉度也已经提高，所以你得谨慎应对。

当领导主动问起状况，背后用意是他发现有件事情没掌握到，而他不喜欢身处不明确之中。因此，他心态上正处于信任的灰色地带，如果接话得当、安抚成功，这种不利情况很快会结束，同时你会为自己争取到更多准备回应的时间。

反之，倘若引起他更多疑虑甚至焦虑，当下的情境极可能扩大成一场稳输的质问攻防战。所以不管内心多么波涛汹涌、多么心虚，脸上务必挂上平和的微笑，并且稳定回话，这是安定领导的第一步；千万要避免呼吸急促、答不出来等心虚的状态。

开口第一句话，请接下领导的疑问，"谢谢您的关心"和"正需要您"极有可能与当时你内心的 OS 完全不搭，但绝对有助于安定领导并争取时间。建议不要直接表达"不如预期"的信息，可以用"不太好""有点棘手""Delay（耽搁）了"等，以免当下无法解决问题，反而会让你还要多处理领导的情绪或反应。

虽然揭露真相、拟定解决方法都要关起门反复思索、沙盘推演，然而，你也必须让领导有个心理准备，免得他知道真相后会有很大反弹，所以要打预防针。预防针绝对不能造假，而且剂量不能太高。

要怎么打呢？试着用偏中性、灰色的形容词描述当下的情况，诸如卡住、Delay、不顺等，尽量别用"惨""糟""完蛋"等负面结论式形容词，也建议别讲得太具体，诸如"目前已经亏损""已经 × 个月没回音"。讲完马上跟领导约时间，领导听了心里自然有准备，事情真相就等到约定的时间再逐条列点跟领导报告。

坦白说，让领导主动问项目进度的状况，不该发生在任何一位职场上班族身上。所以，事后要自问：为什么会让领导主动问起进度呢？

一是自己的因素：习惯性拖延？时间管理有问题？接下过多任务，贪多嚼不烂？没有养成定期汇报的工作习惯？

二是团队的因素：有人不配合？计划赶不上变化又没调整？人手不足？

三是难道有人告状？什么原因都好，千万别是这个原因。

找出原因后，拿出办法来，化被动为主动；养成固定汇报、更新进度的习惯，是向上管理、赢得信任的最佳方法之一。

重点心法：坦白从宽，但切忌直接。

其他 OK 说法

- 正好想请教您，我们发现 ×× 有问题，可以约时间聊聊吗？（用肯定对方接下他的质疑，可化被动为主动）

其他 NG 说法

- 没问题！一切在掌握之中！（这是打肿脸充胖子）
- 对不起，因为某某原因，所以这个进度被拖到……（跟领导汇报要从结论开始，他不想听理由）

哪些情境也适用

- 客户好奇贷款进度。

领导篇

情境 8

如何向领导开口谈加薪？

想提醒领导自己已被冻薪 N 年，难道只能使出"欲走还留"这招吗？

NG 说法 ✗

领导，公司已经很久没帮我调薪，我想要求加薪。

OK 说法 ✓

（请勿口头提，用书信或电子邮件处理）

这样说不会错

1. 用感激、赞美起头。
2. 提出动机和建议。
3. 以约时间面谈做结尾。

王介安解析：

这是少数不能对领导主动开口的情境。

在东方社会里，因领导倾向员工应为工作鞠躬尽瘁、抛头颅洒热血，谈钱一整个Low，将要求加薪视为"厚脸皮、要东西"，而不如西方社会视为"争取权益"，容易制造反感，因此不建议主动要求加薪。也因面对面要求加薪对双方而言都很敏感且易尴尬，对提议的员工来说，领导若一口回绝，无回旋余地且彼此尴尬，失败概率很高。所以为增加成功率，也让对方有思考空间，用电子邮件、手写信等方式提出要求，比口头提更适合。

"加薪信"的结构可分为四大部分。

一、用感激、赞美起头："感谢领导过去这段时间的看重……""因您给我机会，我才得以成长……"夸张一点没关系，千万要记得赞美、感激，领导才看得下去。

二、提出动机：因为领导给的机会，所以在过去的这段时间，我做了……（条列出过去做出的业绩，切记，要具体点出诸如增加多少业绩、提高多少效率）；如果年资够长，顺便带一下在公司内已经服务多久，表达自己的向心力。

三、提出建议（这是重点）：基于上述，已经多久没有加薪，是不是可以适度调整薪资？

四、以约时间面谈做结尾：待您有空，我们约个时间聊聊好吗？

把信寄出之后，双方有默契，面对面比较容易切入，就可以口头追进度。

对大多数领导而言，处理加薪是很棘手的问题，多一事不如少一事，所以发信后跟催的态度是否积极非常关键，你要开始积极主动地找领导约时间、谈薪水，不能让对方有所闪躲，务必要问出结果。

所以信寄出后，若隔天领导没回应，再隔一天便可以试探性地问问领导："前天发了封跟薪水有关的信给您，有收到吗？"

要挑选提问的时机和场合，不要挑领导在办公桌前处理公事时间，最好趁他到茶水间、书报间喝水休息，心情比较放松的状态下提问，而且语气要轻松，太紧张或太严肃都会让对方更想闪躲。

领导答："有，收到了。"

你："可以约个时间跟您当面谈谈吗？"

若领导愿处理："好，跟秘书约个时间。"

你要说："谢谢领导。"一转身，立马找秘书约时间。

如果领导不置可否："好，再说再说。"

你要说："我下周再跟您约时间。"

若你问领导有没有收到信，他装傻答："没收到。"你要说："我今天再寄一次，请您再收收看。"信寄出后，记得明天再问。

总之，态度积极，但语气轻松，是要求加薪的基础要件。

重点心法：态度积极，语气轻松。

其他 OK 说法

- 领导，最近有点烦恼，有空聊聊可以吗？（用烦恼切题，可引起领导注意，找气氛轻松的场合比较适合）

其他 NG 说法

- 今年我有可能加薪吗？（有质问的意味在，会让领导逃避）

哪些情境也适用

- 公司有职位空缺，你想积极争取。

领导篇

情境 9

领导揪人吃饭,该怎么闲聊?

领导:

最近怎么样呢?

NG 说法 ✗

我周六去看了一部电影,我们部门超多人看,大家都在讨论,网络上有人说……也有人说……(滔滔不绝)

OK 说法 ✓

我周六去看了一部电影,蛮好看的。
(留给领导追问的空间)

这样说不会错

1. 挑简单的话题。
2. 用一两句话描述事件。
3. 若对方反应冷淡就换话题。

王介安解析：

跟领导闲聊的方式其实很简单，第一步挑话题，最佳话题包括：

一、时事——如美国总统大选、食品安全问题等；

二、自己的生活——如旅游、美食、家庭、电影；

三、领导的兴趣——如运动赛事。

前两项话题不太需要准备，基本上当天有看新闻都找得到话题；最后一项则比前两项更能让领导侃侃而谈，不过"修行在个人"，要看平时你有多在意领导的动向，花的心思越多，越能让领导对你留下深刻印象；就算还没把你看成"自己人"，也会觉得你够"上道"、眼睛够亮。

第二步切记，话题只说五分满。所谓"五分满"，是单纯"描述有某事件发生"，如"最近有部韩剧好热门噢"。

不要把来龙去脉、后续影响全都讲完，你全讲完，请问要领导搭什么腔呢？闲聊的目的是让对方侃侃而谈，进而建立私人交情，不是发表自己的看法。

说话破冰的同时，记得眼睛也要放亮一点，随时注意领导的回应及语气。如果对方的回应是"噢""还好""嗯"，此类一两个字地来回应，甚至不搭腔，表示他对你的话题没感觉、没看或没经验，记得马上换换其他话题，不要因为自己讲得兴高采烈，而忽略对方的感受。

跟领导吃饭属于私人场合，适合从兴趣、生活、休闲等私生活话题拉近距离，挑战在于多数人跟领导私交甚浅，直接询问对方私生活很容易误触雷区；所以先谈自己的私生活，再邀请对方加入（即第二类话题），比较周全。

千万不可因为越聊越兴奋而大刺刺地问：

"您有几个小孩儿啦？"（结果他／她还没结婚）

"您这条领带好好看，太太买的？"（结果是其他人买的）

也不要追加问句：

"某某韩剧好好看噢，你有没有看？"（如果他／她没看怎么办）

"您最近瘦好多噢，怎么瘦下来的？"（结果他／她是针灸或开刀做肠绕道）

"您不是都带便当，今天怎么没带？"（因为老婆吵完架回娘家）

原本好意的关心或赞美，结果反而让气氛变得尴尬，不可不慎。

其实这个闲聊的原则，是做人处世的基本道理，适用于各种场合；说穿了就是话到嘴边留三分，多顾虑别人感受，只会让你人见人爱，没有坏处。

重点心法：话题只说五分满，让领导侃侃而谈。

其他 OK 说法

- 过年我带小孩到武陵农场,花开得很漂亮。(聊私事先从自己聊起)

其他 NG 说法

- 您买什么股票?(钱很敏感,除非对方提起,否则不要提)

哪些情境也适用

- 茶水间、书报间巧遇领导。

领导篇

情境 10

领导称赞自己时，如何回应最恰当？

领导：

不错、不错！这次做得非常好，你可以独当一面了呢！

NG 说法 ✗

哪有？没有、没有、没有……

OK 说法 ✓

谢谢领导，我的收获也很多。

这样说不会错

1. 感谢，接受对方的赞美。
2. 讲自己的收获。
3. 进一步感谢其他共事者。

王介安解析：

不要怀疑，像赞美如此正面的情境，也可以变成倒泼一盆冷水，气氛瞬间结冰。

领导："这次你做得很好，大家都说你可以独当一面了！"

下属："没有、没有、没有，还好啦。"

领导："你别客气了，大家都这么说。"

下属："做到累死了，再坏不就要跳楼了。"

领导："@#@$#$%&%$#@……"

上述的情况经常发生，老实说也不能怪下属泼领导冷水，毕竟台湾社会吝于赞美，从小我们成长于少赞美、少肯定的环境，平常接触得少，长大后在职场面对赞美，自然不知该如何回应。我想多数人在收到赞美的第一时刻，心里应该是略带惶恐的，心中OS是："我要接受吗？会不会显得太骄傲？可是好像又不能拒绝，该怎么办？快点结束吧！"结果脱口而出都是负面回应的口头禅："哪有？""没有、没有！"顺便配个摇头挥手，泼冷水效果更好。

　　面对来自不同人的赞美，不管你心里的 OS 是什么，开口第一句话必定是"谢谢"，感谢的是他的善意、鼓励和关注，不是在此时此刻探究对方究竟有没有心口不一。

　　面对赞美，我原本也会脱口而出负面的口头禅，是一位英国老太太纠正了我。

　　几年前出差到天津，在饭店里吃早餐时遇到一个英国旅行团，餐厅位置不足，两三个英国老太太便与我共挤了一桌，顺便聊了起来。等我起身准备离席时，其中一位老太太对我说："Your English is pretty well!（你的英文很好）"

　　霎时间我不知该说什么才好，接着不假思索地说："No, no, no, I'm not so good.（不、不、不，我没有那么好）"

　　这位老太太立刻非常正经地对我说："Just take it！All you need to say is thank you.（要接受赞美！你只要说'谢谢'就好了）"

　　从那以后，我便学到，受到赞美，不要推辞，感谢就好。感谢、接受，完全与骄傲无关，而是对于对方善意的一种礼貌回应。

　　因为"谢谢"很短，通常会习惯再加上几句补述，让对方知道关于此事的更多信息。你可以讲一两点自己的收获，也可以顺带赞美其他共事者，两者都是很好的补述。

　　补述内容简单带过即可，此时若来句"真的不是容易的事！"长篇大论反而显得炫耀；如果真要想长篇大论自己的辛苦，干脆主动跟领导询问是否可以有个时间与同事分享专案完成的经过，炫耀便会转化成经验分享，大家都受益，岂不是领导、同事、你三赢？

重点心法：大方接受来自各方的赞美。

其他 OK 说法

- 谢谢领导，如果没有其他同事协助，事情没办法完成。

其他 NG 说法

- 做得超辛苦的！累死我了！
- 有吗？我觉得有些地方有问题。（自己挖洞让领导检讨你）

哪些情境也适用

- 客户感谢你对他的付出。

客户篇

情境 11

客户发火抱怨，该如何应对？

客户：
我已经找你一整天了，你怎么现在才出现，太夸张了吧？

NG 说法 ✗
我手机都开着，没看到你的来电啊！

OK 说法 ✓
抱歉抱歉，造成您的困扰，请问您找我有什么事呢？

这样说不会错

1. 面带微笑听完抱怨。
2. 马上道歉。
3. 询问需求。

蔡素玲解析：

遇到他人的指责，为自己辩护是人之常情。但若面对的是必须奉若上宾的客户，请改掉你的本能反应。不论客户讲的有没有道理，先道歉为上策。

想想，当客户抱怨电话打不通、你没告知重要信息时，你回答："这礼拜电话都没有未接来电啊！"或是"我告诉过你了。"当他不满你的资料迟迟没寄来，你说："咦？上次明明有传真给你啊！"虽然你讲的可能都是事实，但是，请记住，此时绝对不是考证客户有没有真的打电话、是否拨错号码、传真机有没有纸等问题的好时机，讨论这些细节，只会徒然留下爱狡辩的负面印象。

为什么呢？当客户急着找你，或是急需某份资料、急着了解某件事，就代表他有很紧急的需求，背后也代表商机，你当然该由衷地感到开心。

如果你只感受到客户的负面情绪，第一时间反射性升起防护罩，将攻击弹射回去，不但可能把现在的业务搞砸，还会把摆在眼前的潜在商机往外推。

能这么理解后,"笑着被骂"就不是违反人性的反映了。只要发挥"千错万错都是我的错"的精神,向客户表达:"让您这么困扰,真是太不好意思了!"所谓伸手不打笑脸人,看到你认错,客户的不满化解大半,也就不便再继续碎碎念了。

但是要注意,若自己做错了当然要大方承认,但若是客户搞混了,也别为自己没做的事情说对不起,道歉的内容应限于"为您造成困扰""害你这么着急"等事实,或者是客气地表达:"抱歉抱歉,可能是我没解说清楚,其实事情不是您刚刚说的那样。"记得不要随便认下自己没捅的娄子,免得造成日后究责的困难。

等客户骂完发泄过之后,此时你应该马上追问:"请问您这么急着找我／想知道这些内容／要这份资料,是有什么原因呢?"这么问,不仅能够展现体贴,还可以找出隐藏在背后的需求。接着表达出很乐意协助的态度:"有什么我能为您服务的地方?"通过进一步介绍解说,为自己创造再行销的好机会。

情境若换成客户抱怨产品难用、服务不好,应对原则也相同,千万别说"其他客户都觉得很好啊!"请诚恳表达出"我已经了解您的想法""您的心声我都听到了",并提出为客户解决困扰的建议,为良好互动打下基础。也许,再一次签下大单的机会,正藏在这一连串抱怨的背后呢!

重点心法:千错万错都是我的错,抓紧时机问需求。

其他 OK 说法

- 我已经了解您的想法了,照这个想法我建议您可以……
- 抱歉是我失职,没跟你说清楚,其实这件事是这样……

其他 NG 说法

- 其他客户都没有这种问题啊!
- 会不会是您搞错了?

哪些情境也适用

- 被领导臭骂。
- 安抚发火的另一半。
- 被老妈碎碎念。

客户篇

情境12

客户说"别人比你们更便宜"时，该怎么回应？

客户：
你们产品的定价，比别人贵将近一倍呢！

NG说法 ✗
没办法，这是公司政策啦！

OK说法 ✓
我们公司品质比较有保障。而且您想想，我的服务有没有比别人差？

这样说不会错

1. 肯定客户的用心。
2. 帮自己点赞。
3. 肯定自家公司的产品。

蔡素玲解析：

嫌货才是买货人，不要怕客户嫌东嫌西。要知道，会嫌产品太贵的人，其实正是因为被你的产品吸引，想找借口杀价，或是老顾客想要趁续约、加码买进时多争取一些优惠。当客户说出"别家比较便宜"时，其实一开口就透露了想购买的欲望，身为业务员，哪有不乘胜追击的道理！

如果自家产品真的是打着灯笼都找不着的全球最便宜产品，客户这类嫌贵抱怨，肯定不会造成你的困扰。但大多数的状况是，各家产品各有优缺点，有不同的定价策略与市场区分，也有不同的折扣适用条件，其实不容易摆在同样的基准做比较。面对这类质问，回应重点不在于据理力争、不惜一切地跟其他对手PK，或是斩鸡头发誓自己绝对是市场上最便宜、买贵保证退差价等，而是要趁着解释的时候，展现对自己的服务、对公司产品的信心。

最常见到的NG回应，就是不肯用心回答，只偷懒地把责任推给"这是公司规定"，或是劈头就给了负面回应："您可以去打听看看别家价钱。"反而错失了为客户加强购买动机的好机会。这时请记住最高原则：帮客户点赞就是帮自己点赞。

这个回应并没有反驳客户的说法，而是在"客户永远是对的"前提下，先为客户"点赞"，肯定他花心思观察："您好用心啊！""您很理性，买东西都很认真做功课。"称赞他对自家产品有深入研究："想必您一定对我们产品的优点非常了解。"这时，会想吐槽说自己并不了解产品的人，恐怕没几个人了吧！

接着你可以话锋一转，开始向客户说明，"商品乍看好像有点贵""不细看方案，可能会以为我们不如其他品牌优惠"，但如果计入公司一贯的高品质、完善的维修系统，或是其他竞争产品没有的功能等，请注意，重点来了，千万要补上这最重要的一句："更重要的是，还有我的服务。"这价钱其实很合理啊！

其中的关键在于，客户之前已经获得你肯定他的用心，在心里点了头、说了YES，这时候他若是想反驳说你的服务不好，就等于是打脸、显示自己看错人了。尤其是面对有交情的老客户，想想看，当你俏皮、半开玩笑地丢出问题："难道我的服务不好吗？"客户十之八九也会跟着点头说："啊！你最赞了。"

这时，与客户间彼此替对方点了赞，在良好的互动关系下，客户蠢蠢欲动的购买动机，也就有机会化为实际行动，成为热腾腾的订单了！

重点心法：乘机展现对自己的服务、对公司产品的信心。

其他 OK 说法

- 您研究很透彻哦！乍看有点儿贵，但如果把维修算进来，价格其实很合理，而且有我为您服务啊！

其他 NG 说法

- 那是别家业务员骗你的。
- 不可能啦！这东西成本就是那么高。

哪些情境也适用

- 客户想获得更多赠品。
- SOHO（自由职业者）族遭委托人砍外包案酬金。

客户篇

情境13

客户说"没时间"时,该怎么回应?

客户:

我还有下一个会要开,
边走边说,五分钟讲完!

NG说法 ✗

好、好,没问题,请看这一页。

OK说法 ✓

五分钟不够,可以给我八分钟吗?

这样说不会错

1. 表明时间不够。
2. 要求延长时间。
3. 提出可引发期待的观念。

李佳蓉解析：

遇到这种情境，大脑不要马上运算五分钟够不够，或是烦恼要先讲哪个重点。请记住，就算你口才特别好，五分钟能迷倒众生，也一定要多争取几分钟，因为，即使只多一分钟，你也算赢。

为什么？要谨记在心的观念是：业务员并没有矮人一截，业务要能顺利推行，一定要双方都站在平等的位置上。想办法让一开口就说没时间、姿态高高在上的大老板，也能妥协一下，有助于展开有效的对话。

"我们难得见到面，多聊个三分钟吧！"绝大多数状况下，只多争取三分钟，大老板都会点头，这一点头，他的态度也没有初见面时那般盛气凌人了。借由温和的反抗，业务员能让自己的地位提升，逐渐拉到与大老板平起平坐，谈起业务才有搞头。要是一开始就答应苛刻的条件，气势矮人一截，就很难再有后续了。

回话时必须发挥同理心，表达"我知道你的时间很宝贵""抱歉耽误到你的重要会议"，让对方知道自己对他百忙中抽出时间很感激。但接下来，如何把争取到的八分钟变两小时，就要靠事前准备的功力了。

在拜访这些大老板前，一定要做足功课，详查他与所属产业的相关资料，找出他可能会有哪些需求，做到表现超出他的期待，就能让他印象深刻。

由于时间宝贵，最好的策略是先讲观念，一些需铺陈的细节、要花时间解说的方案，可以留到下次见面再说。关键是留个引子，让他好奇、期待，为下一次的见面做准备。例如，"您刚说的这些需求，我已经帮不少客户找到解决方案，过两天我们约个时间坐下来好好谈谈"。这时，拿出你的行事风格，马上敲下大老板的时间，就不用怕这尾大鱼溜走了。

或是，你可以回答："您这方面的问题，我们公司早就找出最佳解答了，需要花一点时间好好向您说明。"这时，顺势拿出资料，让讲好的八分钟自然延长。使用这个招数要注意的是，不要被八分钟的限制给绑住了，频频看表只会提醒大老板，你们已经超过时间了。其实，许多时候大老板并非真的后面排了会议，只是担心业务员没完没了，才会预先把赶人的时间说在前头。

如果双方破冰后相谈甚欢，厉害的业务员把时间延长到一小时、两小时的例子比比皆是。千万别自我设限，五分钟一到就自动收包包走人，应该自信地继续把观念表达清楚，一看对方听得入迷、时间许可，大可把早早为对方规划的方案拿出来，详尽解说一番。以大老板那么忙碌与果断的个性，说不定当天就能把案子谈下来呢！

重点心法：借由延长几分钟，避免自己矮人一截。

其他 OK 说法

- 我们难得见到面，多聊个三分钟吧！

其他 NG 说法

- 我们不是约好了吗？
- 老大，别这样为难我吧！

哪些情境也适用

- 与气焰嚣张的同事沟通。
- 遇到对人爱答不理的办事人员。
- 向心仪对象告白。

客户篇

情境 14

如何面对客户的拒绝？

客户：

你推荐的商品，我看还是不用了，暂时不考虑。

NG 说法 ✗

我们那么熟，拜托帮忙"交差"一下啦！

OK 说法 ✓

是不是规划不符合您的需求？您以后有需要时，别忘了我刚讲的那几招技巧哦！

这样说不会错

1. 征询拒绝理由。
2. 坦然接受拒绝。
3. 提示合作的美好未来。

李佳蓉解析：

业务员遭到拒绝是很正常的，但最常犯的错误，就是脸马上垮下来，对客户爱理不理，或是试图给客户施加人情压力，要求对方多少捧场一下。但前者可能把大好的挽回机会往外推，后者则是无法长久的下下策。

想赋予客户回头向你购买的动力，就决胜在被拒绝的当下。如何做呢？先决条件就是：留不下产品，也一定要留下好印象。成功的推销是：要给客户动力，不是给他压力。

遇到这种状况，首先，自己的心态一定要正确。被拒绝，并不是客户不识好歹，或是瞧不起你，你必须要对公司的产品有信心，在心里为客户的选择感到惋惜："可惜他没福气，不知道这个是'仙丹'啊！"很自然的，你的心里就不会有那么强的得失心，不会对失败在意。

这时，你可以请教客户拒绝你的理由。若客户的担忧很具体，这时，你就能发挥专业能力，一一解说，担任他的咨询对象，也许心结解开了，订单也就落袋了。但若当对方就是不要，别担心，请抱着做不成买卖还是要交朋友的心态，此路还是有机会打通。

例如，当对方说，自己早就已经买过保险／有信用卡／固定服用健康食品了，现在不需要。你可以诚心地恭喜对方："赞噢！你的观念很正确。"或是"恭喜你，早早就找到合用的产品。"或是，当对方很坚持现在没有需要时，你还是可以提醒他，现在用不到，但以后如果需要时，务必要选对产品。强烈传达出信息："我只在乎是否对你有利，而不是能不能成交。"

接着，你可以分享对这些产品的看法，以热心专家的角色，不带压力地把如何挑选、如何使用、要注意哪些事项的 Know-how（技能）传授给对方。若这时，客户当下还是没兴趣，你仍要抱着替客户祝福的心态，真心期待他目前的产品很合用，或是早日找到适合的商品，并提醒对方，刚刚向他介绍的商品资讯，对他未来选购时很有帮助，甚至再加码多教他几招，协助他厘清需要、再三复习要注意的事项，提醒他："找别人买也一定要注意这些噢！"

谨记，面对拒绝，第一时间不可以马上把脸垮下来，或很现实地转身离去，赶快询问客户意见，找寻换个方案再试试的机会。

透过无私分享，留下好印象，下次当客户有需求的时候，有高达一半的机会再回头找你；暂时没有需求的，也有机会被你打动，甚至可能因为觉得亏欠你，介绍朋友给你认识。

重点心法：要给客户动力，而不是给客户压力。

其他 OK 说法

- 不用在意,我们就当交个朋友,下次需要服务的时候再联系我!

其他 NG 说法

- 那就不打扰了。
- 那家公司不好,改用我们公司的服务比较好。

哪些情境也适用

- 被告白对象拒绝。
- 新店开张打知名度。
- 传达宗教或社会理念。

客户篇

情境 15

陌生客户如何破冰？

客户：

是不是要卖东西给我？

NG 说法 ✗

您好，请问能耽误您三分钟吗？
（递出名片）

OK 说法 ✓

哇，口红颜色好漂亮噢，
您选的东西，很有自己的品位！

这样说不会错

1. 打开观察雷达。
2. 找到客户的兴趣点。
3. 以兴趣开场搭讪。

李佳蓉解析：

先想想你自己的反应，如果你在商店、办公室、电梯里，走进了一位陌生人，递上名片问你能不能耽误几分钟，你会说好吗？百分之八十的人大概都会一口回绝吧！

陌生客户破冰，并不是凭着一颗恿心、堆笑脸、递名片、装热情，就能达成。其中的"眉角"，就是要让对方开口说"是、对、好"等正面回应，才有进一步聊天的机会。厉害的业务员，还能让陌生人开口问："你是做什么的？"由对方来开启行销机会。

怎么做？诀窍在于顺藤摸瓜找到客户的兴趣喜好，就能有超高的搭讪成功率。

例如，当扫街拜访商家时，不要急着自我介绍，你可以先进到店内，在货架上翻翻，找到特殊点，好好赞美："你们的东西很漂亮，我的客户一定会喜欢。""你们的商品摆设得特别美，我的客户肯定很爱。"当店老板／老板娘被赞美得飘飘然，忍不住问你说："你是做什么的啊？客户都是哪些人啊？"这时，就提供你切入的机会点："哈哈，我的客户里有很多大老板哦！"乘机介绍自己是连高资产客户都服气的业务员。

同样地，站在路边等人、等公交车或躲雨，也有利于制造破冰情境。例如，当看到一旁明显是 OL 的女子，竟背着双肩背包，可以顺势提起话题："你也在等人吗？背的背包好特别！我想你一定很注重脊椎健康吧？"等她对自己的特殊坚持侃侃而谈，这时，如果是保险业务员，就能找机会把话题延伸到健康险、长期险规划；若是直销商，也能找到切入健康食品的时机。

所以说，收回你那张一掏出来只会"结冰"的名片，把感官张开，敏锐地观察破冰对象的衣着配件、店面摆设，有没有独到之处，如特殊的项链、展售柜摆设精致、办公室摆了罕见的非洲饰品，都是可以鼓励对方打开话匣子的谈资。等对方分享后，再称赞客户的品位，进一步询问："像你这么有主张的人，对我卖的产品有哪些看法？"话匣子已开，对方肯定不会马上摆臭脸，你就能循着他的叙述逻辑，将话题引导到销售。

但要小心的是，破冰话题切忌选择未知的事物，如"你这么漂亮，老公一定很疼你"。这类话题没有可供观察佐证的线索，而且容易踩中家庭关系地雷，一不小心就会变成对方骂配偶、骂婆婆的情绪垃圾桶，不但没推销成功，还浪费宝贵时间，甚至被贴上挑拨离间的标签，最好别误用哦！

重点心法：观察对方的特殊或厉害之处，以称赞对方制造话题。

其他 OK 说法

- 你的背包／项链／皮带好特别,是从国外带回来的吧！你常常出国吗?
- 请问，到内湖的公交车是在这里乘坐吗？我的客户是在内湖科学园区大厂……（可拿高资产客户当背书）

其他 NG 说法

- 您好，我是某某银行专员，想请您帮我填个问卷。
- 我看你的皮肤不是很好，我知道有不错的产品很适合你用。

哪些情境也适用

- 到新单位融入环境。
- 在派对上扩展人脉。
- 喜宴上与身旁的陌生人搭讪。

情境 16

和刚认识的人换完名片后，如何开启话题？

A：幸会，幸会，
我是负责行销业务的某某。

NG 说法 ✗

你好。
（双方交换名片后，只低头看一眼，
就匆匆收进名片夹）

OK 说法 ✓

我是某某，
很开心认识你。你在这里工作，
这是一家怎样的公司呢？

这样说不会错

1. 自报姓名。
2. 问候语。
3. 用名片上的资讯提一个问题。

黑立言解析：

在社交场合，名片往往是开启话题的最好工具，但我们常游走在不同桌子间，忙着和每个人换名片，却忘了低头看，一张名片透露了什么信息，"其实很多话题都藏在名片里"。

两种状况须避免，一种是换了名片等于没换，拿了只匆匆看一眼，连忙说是、是、是，就收起来；另一种则是忘了先谈对方，只顾着讲自己。

有一次我跟父亲到对面餐厅吃饭，他遇到一个很久没见面的人，那个人马上就说，我的公司就在这里，你赶快去试用我们公司的产品。这么多年没见，一开口怎么会是你公司的产品？他应该说："黑先生您看起来气色很好，最近怎么样啊？您知道我公司在这里吗？"然后再说自己公司的状况。诀窍就是：总是要先谈谈别人，再说自己。

当你拿出名片时，除了报上自己的姓名，最好先给予对方肯定，以"很开心能认识你""很荣幸能来到这里"开启对话。

交换名片后，要先看对方一眼，请谨记，先谈对方的名片，而不是谈自己的名片，接着再抛出问题；名片上不管工作、职称甚至姓名，只要是你好奇的，都可以先发问。例如，"你公司的产品听起来很有趣，它的功能是什么？""你到这间公司多久了？""为什么会想做这个工作啊？"抛出问题让对方回答，最忌讳先炫耀自己的丰功伟绩。

如果是不出名的公司，就可以问"你们公司做什么的啊？""你觉得这个工作最有趣的地方是什么？""最有挑战的地方是什么？"卡耐基一百多年来发现，人最能聊也最感兴趣的就是他自己，所以你如果能尽量聊跟他相关的，就不容易冷场。

聊完工作，我们也很容易以家庭作为破冰话题，如果想知道对方的出身背景，该怎么开口，才不会失礼呢？

贸然开口问对方"你是哪里人？"很可能踩到地雷，尤其在中国工作，内地人对于各个省份都有一些先入为主的刻板印象。例如，哪个县最穷、治安最差，有些人其实不太愿意谈。偏偏"你是哪里人"这句话，一般人很容易脱口而出。

这时候，如果想聊同样的话题，最好换个问法，用"家"或"童年"去包装一下，让人想起故乡的美好，比较愿意卸下心防，像问"你从小在哪里长大的？""你老家在哪里？"都好过于直接问"你是哪里人"，避免让人觉得被侵犯隐私。

最后，如果话题用完怎么办？不要害怕，以前我也会觉得尴尬，但这是正常的，你可以用"我先去个洗手间""需要帮你拿杯饮料吗？"委婉离开现场，让谈话维持轻松气氛，又不失礼。

重点心法：先谈谈别人再说自己。

其他 OK 说法

- 你从小在哪里长大的?
- 很高兴认识你，你的气色看起来好好!

其他 NG 说法

- 你是哪里人？

哪些情境也适用

- 遇到久别重逢的朋友，需要先寒暄几句，炒热气氛。

客户篇

情境 17

如何开口让客户愿意介绍朋友给你？

> 这位大客户人脉很广，要请他帮我多介绍一些人。

NG 说法 ✗

看我对你这么好，不帮忙介绍，你就是没把我当朋友。

OK 说法 ✓

恭喜你做了这么好的决定，省下好多预算，也许你朋友也有一样的需求，介绍认识一下吧！

这样说不会错

1. 赞美他的决定。
2. 提醒彼此美好的合作经验。
3. 开口请对方介绍朋友。

李佳蓉解析：

转介绍是所有行销人必定要做的动作，却被很多菜鸟业务员视为畏途。的确，有些业务员在对自家亲朋好友做行销时，还会偶尔感到不好意思，可以想象，如果要求素人客户扮演推销员，把你介绍给他的好友，难度肯定更高。

"你看，我送你这么多赠品，拜托帮忙推荐几位朋友啦！"这是许多业务员常使用的招数，但只靠人情硬拗，客户顶多意思一下，推荐一两个亲友，由于他没积极帮忙做口碑，转介绍行销成功概率也就不高。万一业务员只会一而再、再而三硬拗，到最后，还可能让客户一看到你就怕。这样一来，刚敲定的订单，恐怕也会是你们之间最后一笔订单了。

其实，想要客户甘心帮你转介绍，甚至热情向亲友推销，关键就是让他感到得意，只有当客户得意自己做了笔划算的买卖，才会忍不住跟左邻右舍分享。

通常，最适合请客户转推荐的时机，就是签好约的那一刻。这时，顾客所下的购买决定还热腾腾的，已经完全被你的优质服务能力给说服，对你的产品很有信心。"恭喜你的人生从此有了充分的保障！""你这个决定对家人的健康太重要了！"借由肯定客户做了笔明智的买卖，加深客户的满意程度。

你可以邀对方回忆，"谢谢你，我们整个过程合作得很愉快"，或者半开玩笑说："嘿嘿，你应该不觉得我有给过你什么压力吧？"提醒他，你是个靠专业说服人、不以死缠烂打方式跑业务的人。

有了双方愉快的合作经验做背景，告诉他"好东西要与好朋友分享"，他身边肯定有人正需要这类服务或产品，希望有缘分能帮他们服务。"你看，我跟你这么投缘，一定也能跟你的朋友投缘。"亲切地向他保证："我也会用没压力的方式跟你朋友聊天。""我会同样用心帮你的朋友做规划。"强调自己也会用一致的高水准服务他的亲友。

酝酿好温暖、正面的情绪，不用害羞，大方提出你的请求吧！"不用多，只要三个人，介绍认识一下，不买也有机会交个朋友。"这时，正为自己的采购决定兴奋不已的客户，肯定会乐意让你认识他的亲朋好友。

这个阶段最怕的，就是营造了这些美好的气氛后，却扭捏不好意思开口，错失了拓展客源的良机。其实，只要一路走来的行销努力下得够深，就已经奠定了转介绍成功的关键，甚至，有些热情的客户早就准备好要大声宣告：想买东西？找这个人就对啦！

重点心法：让客户感到得意。

其他 OK 说法

- 太厉害了，全台湾断货还能被你抢到，如果还有朋友要买的话，最后一件赶快帮你保留。
- 我跟你这么投缘，一定也能跟你的朋友投缘，介绍大家做个朋友吧！

其他 NG 说法

- 我这个月业绩差一点点就可以拿奖金了，拜托介绍朋友来交差一下。

哪些情境也适用

- 店铺增加来客数。
- 候选人拉票。
- 经营粉丝团冲人气。

客户篇

情境 18

如何挖出客户说不清楚的真正需求？

客户：

我已经说得够多了，
你怎么还搞不清楚我需要什么？

NG 说法 ✗

啊，你都说完啦！
可是我还是搞不清楚你到底在说什么，
你可以再说一次吗？

OK 说法 ✓

谢谢您的说明。我把我理解的部分
复述一遍给您听，有任何不足的地方，
您帮我补充好吗？谢谢您。

这样说不会错

1. 面带微笑，仔细倾听。
2. 复述对方想法。
3. 跟对方再次确认。

张敏敏解析：

现代人最大的沟通障碍，就是"鸡同鸭讲"。当你试着用自己的语言让对方了解状况，由于彼此生活经验不同，或因为语言的精准度也不一样，即使用尽所有方法，想让对方了解你的意思，常常还是因为彼此的沟通没有"相同平台"，在相互理解不够的情况下，沟通产生很大的障碍。

有个做室内设计的朋友，就遇到过这种鸡同鸭讲的客户需求。客户认为他已经很清楚地说明他的需求："窗帘的颜色要够深，要有贵族的感觉，感觉要沉稳，不要花哨，你要记住，这里可是我忙了一天休息的地方……"我相信你一定对他的要求看得不是很清楚，可是这位顾客却觉得自己已经"讲得很明白"！我这位设计师是沟通老手，非常聪明地拿出几个"可能"有贵族气息的深色窗帘，并且特别挑选不透光材质，以"眼见为实"的方式，巧妙地化解隔阂。

因此，想要做好沟通的你，一旦发现无法完全掌握顾客表达的内容，我的建议是：一段一段地处理！

意思是把你理解的信息，用自己的话先复述重点给对方听。等对方确认之后，再进行下一段落。以我朋友的例子来说，如果今天换成是我，我会先确认："您提到的贵族感觉，请问是英国风还是法国风？"有了答案之后，接着再问："如果不要花哨，请问可以接受条纹或局部花纹纹饰吗？"等。

最后，我要提醒各位读者，要练习倾听的能力！

我遇到过少数的例子，的确是自己的同人在倾听能力上有状况，也就是他认为"本来就是这样子，不可能有别的情况"，因为脑海已经下了决定，所以客户之后给的任何答案，我这位同人都听不进去。这就是我们讲的所谓沟通的"噪声"，当"噪声"在脑海里越大声，你对人事物的刻板印象越让你无法专注，无法真正把对方的想法听进自己的大脑里，鸡同鸭讲的结局，当然可以想见。

重点心法：掏空自己的想法，不躁进，专注于眼前这个人。如果不确定，就通过复述、确认、澄清三大步骤，做到完全了解。

其他 OK 说法

- 您刚刚提到……可以给我更多信息吗？让我了解更多……
- 我今天建议这个方法，您觉得可以解决问题吗？

其他 NG 说法

- 你说话好快啊，我实在听不太懂。
- 我请我同事一起来听，他可能比较听得懂。

哪些情境也适用

- 领导交代任务，但细节没有说清楚。
- 和其他部门沟通，但是行话术语太多。
- 和另一半沟通，对方欲言又止。

客户篇

情境 19

客户犹豫不决时，如何加强销售力度？

客户：

我再看看吧！我觉得跟另一家的产品好像没有不一样！

NG 说法 ✗

可是我真的觉得我们家的最好用，我自己用都很有感觉！

OK 说法 ✓

如果您相信我的专业，我建议您只要在这两个里面选一个，应该符合您的需求！

这样说不会错

1. 倾听顾客需求。
2. 用专业知识推荐产品。
3. 让顾客做选择。

张敏敏解析：

我们非常担心业务同人没有通过倾听，了解顾客需求，只要客人一进门，就直接推荐新产品或是公司要求的 KPI 商品。顾客连想要什么都还没讲完，业务就噼里啪啦讲个没完没了，一心想要用语言攻势，给顾客"洗脑"，希望快速成交。

另一种更让人担心的情况是，听了顾客的需求后，接下来却不知道要推荐哪个商品。所以，直接问顾客预算有多少，拿了好几个"可能会中"的商品，摆在顾客眼前。

这一摆，就是好几个，顾客眼睛都花了，实在不知道选哪个的情况下，他就离开了。

我要提醒各位，"专业知识是销售的根基"，请不要用老旧方式，只想跟顾客攀关系、套交情，或者只是用自己的经验，就想达成销售目的。很多业务同人对于产品的材质、成分、使用方法、和其他品牌相比的优势不清楚，导致顾客在犹豫的时候，无法用上"临门一脚"的销售促进法。

如果你的根基已经打稳，请试试以下的"三分之二推荐法"。

·请依照顾客的需求，帮他列出三个选项。

·说明以及示范。

·如果顾客还是犹豫不决，那么请依照专业，帮顾客从三个里面选两个（也就是帮他去掉一个选择）。

·顾客看到少了一个选择，压力减轻了，这时，邀请顾客从剩下的两个里面选一个。

记住，顾客的选择，就是我们的成交！让顾客做选择，而不要让顾客觉得他是在"被销售"！顾客卸下心防，而且找到购买的充分理由，成交自然水到渠成。

请牢记，这个方法最重要的是，你必须"非常了解产品"。顾客感受到你的专业，自然会更信任你的建议。但是，要提醒各位读者，我看到更多惨烈的情况是，顾客只要一犹豫，很多人就开始"自我了断"，意思是，顾客只要清楚表达离开的意愿，很多业务同人就开始慌了！在自乱阵脚的情况下，自己搬出促销法宝："今天买，我算你便宜，老顾客折扣给你，打九折啦！""大姐！我就差这笔业绩，你今天买，我另外送热水壶给你。"我必须说，这方法并非完全不适用，但是我们可以想见，顾客未来不会再找你购买产品，除非折扣下得更大。而且，当你习惯用这一招成交，你会发现，你已经习惯通过促销在做销售，这种销售习惯会让你慢慢地无法建立专业以及更深入的顾客关系。

重点心法：用自己的专业推荐产品，让顾客做选择！

其他 OK 说法

- 如果我是你,我会特别看这个产品的材质(或进口地区,或成分),因为这是选择 ×× 的关键。
- 请不要有压力,我没有要您今天就买。但您可以告诉我,为什么您还想去别的地方看看,是因为我解说得不够完整吗?

其他 NG 说法

- 现在买可以立刻折两百元,可以省下来喝下午茶。
- 不买就算了。

哪些情境也适用

- 当同事对于你的提案有犹豫。
- 开会时大家对解决方案有不同意见。
- 和另一半没办法决定要去哪个地方玩儿。

客户篇

情境 20

如何培养长期客户?

客户：

我以前没见过你，你是?

NG 说法 ✗

谁来服务您应该都没有差别吧!

OK 说法 ✓

某某特别交代，
一定要我给您满分的服务!

这样说不会错

1. 热情招呼。
2. 轻松互动。
3. 通过倾听和提问，深度了解顾客的生活。

张敏敏解析：

在网络渠道的夹杀之下，实体渠道越来越难赚到业绩，但我们仍然乐观地认为，越是高资产客户，或是高单价产品，越会信任实体店面的销售人员，理由很简单，因为眼见为实。

因此我们大胆预测，一个超级业务员能够击败网络而存活下来，一定是因为他有很高的"服务敏感度"！也就是对于人的观察、顾客关系的建立和维持，会成为这位业务员的强项。我想你我都会同意，这一点网络绝对无法取代。

因此，培养长期客户的能力，等于决定了你未来口袋的深度。我的建议是：通过倾听和提问，深入了解顾客三百六十度的生活方式，和顾客做深度联结。

什么是"三百六十度的深度联结"？就是通过和顾客轻松互动，像朋友一般对话，让顾客觉得他被深度理解、深度照顾，自然地，当他有任何产品或服务需求，你绝对是他的不二人选。这种因为"信任"

而产生的联结,是我们在很多超级业务员身上看到的普遍特质。

你可能会问,如何建立这种深度联结呢?

我的答案是:对顾客的生活产生兴趣,通过倾听和提问,三百六十度地去了解他的生活。

我建议的做法是:

· 顾客一进门,先热情招呼。

· 询问对方的需求。

· 让顾客先自行观看产品,业务这时请站在顾客的后侧方约两步距离,让顾客不会感觉压迫,但是又能看到你正在等候他。

· 顾客开始展现服务讯号,请往前踏一步。

· 顾客回头找你问更多产品信息时,请再往前踏一步。这时,你应该站在和他肩并肩的位置。

· 直接解释他拿的这个商品所有的资料,并让他实际体验、感受。

· 在顾客体验感受的时候,刻意和他"小聊天"。(例如,我看您带了一个限量款的包包,您很喜欢这个法国牌子吗?)

· 聊天话题最多只能一句到两句,请控制自己,不要再多了。

· 让顾客自己回答你的问题,这时请务必展现倾听能力。

· 听完之后,要根据顾客的回答,接着再问顾客下一个问题。

请牢记,不要让谈话中断,即使只是聊天也好。

在不经意的聊天过程中,适时加入一些产品信息,也请牢记,你的最终目的是销售,不只是和顾客纯聊天。

不管有没有成交,都请顾客留下基本资料,并且递上您的名片,用小故事的方式做自我介绍。

关键是你要想办法"再见到顾客",因为,越常看到对方,越容易对对方产生好感,而这是培养长期客户的关键。

请相信我,当他习惯跟你说话,他绝对无法再把业务机会让给别人,理由有两个。

一、他觉得你已经很了解他,要把之前跟你聊的话,再跟别人讲,实在是一件花力气的事。

二、怕你没业绩做,因赚不到钱而离职,因此他会想办法让你赚到钱,以维持你们两人的友谊。

重点心法:深度了解顾客的三百六十度生活,和顾客产生深度感情联结。

其他 OK 说法

- 我不希望您浪费钱,去买一些不需要的东西。
- 欢迎您常过来,听您讲上班的事,很能开拓我的眼界。

其他 NG 说法

- 您上次不是说要跟我买东西?这次要一起带吗?
- 有吗?您上次有提到吗?我怎么不记得了?

哪些情境也适用

- 带领团队的新进员工。
- 和工作上会遇到的其他单位同事接触。
- 想认识陌生人。

同事篇

情境 21

难相处、不爱合作的同事，怎么开口找他帮忙？

完蛋了，这次专案非找臭脸王支援不可，说话必须加倍小心！

NG 说法 ✗

这是公司计划，你一定要支援。

OK 说法 ✓

这计划完成后对公司与你们单位都有许多好处，我们来想想看，怎么做不会增加你太多的工作？

94　3 句话提升沟通力

这样说不会错

1. 拿出崇高目标（对公司好）。
2. 说明对他的好处。
3. 开出条件协商。

林世伟解析：

每家公司都难免有不善与人沟通、防卫心较强的同事，或是因为过去的心结，而在跨部门合作时，容易踢到铁板。

面对这些板着脸的家伙，一般人的直觉反应就是硬碰硬，拿"这是你该负的责任""领导已经交代下来"等理由，要求对方配合。殊不知，这可能只会让对方升起防护罩，脸变得更臭。想一想，拿出"分内该做的事"这顶大帽子，只怕破冰不成，反而在双方心里结下永冻层。

或者，也有人选择以过度卑微的态度，唯唯诺诺委曲求全，只求赶快把专案完成。但臭脸王很可能反而觉得你烦，效果不理想。请记得，只要是为了公司好的事情，就无须过于低声下气，这样的沟通也只是解一时之急，无法持续。

想突破臭脸王设下的软硬钉子路障，最适合的做法，是以平衡的态度，同理对方的想法，理性沟通，祭出三大步骤。

第一步，强调"这么做对公司有利""可以为公司带来更多客户"，其实只是把"分内该做的事"换个说法，却从指责的大帽子变成称颂的"高帽子"，让对方觉得自己被你认同，是位戮力从公的优秀员工。就算他心里不这么想，有了对公司好这个大目标，他也无法在言语上反驳。

第二步，由于难搞的人大多自我意识强，与他们沟通时，一定要懂得"穿对方的鞋子"，不要让他先入为主地认定：跟你合作是替你服务、被你占便宜。理性列举出对方将能借由此合作案获得的好处，让他知道，一定会有功劳归给他与他的团队，或者明说如何为他提高实际的业绩成果，这时他八成会开始动摇。

第三步，以同理心表示理解合作案将为对方带来额外的负担——在日常的作业中加重工作量，然后邀请他坐下来讨论合作方式，"我们讨论看看，怎么让你的负担最少""一起头脑风暴，看能不能只动用最少的人力"，用"我们""一起"等字眼拉近距离，研究出能确实优惠对方的"里子"。若对方仍犹豫，则替他做做面子，加码询问："若不赞同我的提议，那你最想要的是什么？""你有其他建议方案吗？"真实了解臭脸王的需求。

有了帽子、鞋子、里子、面子，不但在情感上给了他认同，实际上也给予了不错的协商条件，这时，再难相处的同事，也很难再继续摆架子了。而且，顺着他的脾气，说不定还有机会把孤僻难搞的同事变成朋友，在职场上从此也多了位忠心支持你的人。

重点心法：穿对方的鞋子，用同理心开出条件协商。

其他 OK 说法

- 耽误你一点时间，我们一起来研究一下怎么把这件事做好吧！

其他 NG 说法

- 这是你分内该做的事。
- 领导交代的，你不做谁做？

哪些情境也适用

- 下属对工作分配讨价还价。
- 领导秘书刁难你。
- 大客户窗口对你爱理不理。

同事篇

情境 22

催促他人进度时，怎么说才不会让人变脸？

企划部慢吞吞，真是急死人。

NG 说法 ✗

拜托你快一点，你这样我很难办事。

OK 说法 ✓

领导说后天要交企划案，
不然会来不及给客户提案。

这样说不会错

1. 引述领导的话。
2. 提出做不成的负面后果。
3. 了解对方状况。

王介安解析：

这个情境一般有两种可能：第一种，"他人"是同部门或不同部门的同事，你是专案负责人；第二种，"他人"是下属。

第一种情况，"他人"是同事，你们级别差不多，光凭口头提醒效果有限，为了及时完成计划，建议最好采取多管齐下的紧迫盯人战术，口头沟通留到最后一步。

首先在领导交办完任务，也分工完毕之后，记得发出会议记录，把责任分工、时间表全都制订出来。信发出后，针对团队中特别容易拖延的几位同事，再打电话告知一次，确认他们收到信并且了解工作内容。

当计划完成时间即将到期的两周前，着手了解"慢郎中"们的进度。要注意以下事项。

一、务必从最慢的那位催起。

二、先发电子邮件，同时寄一份副本给他的顶头上司。

三、内容从关心的角度切入，但要够具体："现在状况如何？一、二、三……（询问具体的进度），有没有需要帮忙之处？"

四、如果没收到回信，隔天到他面前口头再问一次结果，还是从关心的角度切入。

五、从这天之后，每天都要叮一次，同样先电子邮件外加口头叮嘱。每封电子邮件都要寄副本给他的顶头上司，口头叮嘱尽量不要固定在他的工位上，在任何场合遇到都可以切入。

六、交件一周前，如果同事还是"没动静"，记得不要动怒、不要焦虑，要用非常正式、严肃的态度告诉他："大老板说，如果我们没办法在一周之后交件，他会要我们负责。"

催人方程式背后的原理，说穿了就是"狐假虎威"，借权威之力来达到吓阻效果，虽然权谋，但比其他方法来得更有效。如果没有领导可以狐假虎威，退而求其次，建议多用情理兼具、双管齐下的方法。先表达了解，接着强调任务意义（客户、公司、未来），最后加上苦肉计（我很为难、我很痛苦、几天睡不着、吃不下、血压升高……）。

这方法比"狐假虎威"相对麻烦许多，不过，倘若真的没有权威可以借用，只能花点心思、多费点唇舌了。

第二种情况，"他人"是下属。

同样是提早发出电子邮件，要下属回复进度；发信隔天如果没有回音，立刻到他的工位旁边了解状况，如果他有进行却卡住了，因而没有及时回复，就协助他处理状况，并要他限期内解决。

如果当你了解后，发现下属根本连动都还没动，就协助他处理问题，了解是哪里出问题。（个人状况？对任务没兴趣？难度太高）同样要求立刻处理、期限内解决，时间可给得宽裕一点。请记住，每天都要紧迫盯人。

重点心法：借力使力。

其他 OK 说法

- 我们是为公司好，我知道你也很忙，我们一起解决。（拉高层次，晓以大义）

其他 NG 说法

- 所有人都在等你一个人，你好意思吗？（太针对人，易引发对方恼羞成怒、干脆不管）

哪些情境也适用

- 拜托同事合作，同事爱答不理。

同事篇

情境 23

如何说服资深同事教我?

> 糟了!这件事只有他会,
> 但他懒得理我,怎么办?

NG 说法 ✗

领导说有问题可以找你,你快教我。

OK 说法 ✓

你这方面最厉害了!
我最近遇到一个问题,可不可以
花你一点点时间教我怎么做?

这样说不会错

1. 用力恭维。（你最强了）
2. 诚恳表达目的。
3. 热诚感谢。

林世伟解析：

进到新公司、新单位，老鸟驾轻就熟的业务，在菜鸟看来根本是难如登天。这时候，领导突然交办业务下来，摸不着头绪的菜鸟一号说："领导说有问题找你就可以了。"菜鸟二号说："大哥，照你讲的方法还是做不出来啊。"

菜鸟们，认清事实吧！老鸟没有义务要帮助你的，想拿领导来压老鸟？只怕自己会阵亡得更快。想拿交接、带人的责任要求老鸟，那肯定是活得不耐烦了。其实，想瞬间敲开老鸟的心房，从此有大哥、大姐罩你，并不困难。

菜鸟想请教资深同事时，请别扭捏，大方肯定对方的能力吧！包括"你最厉害了""这方面你是公司第一把交椅"等恭维的话，只要诚心诚意地说出口，都能暖暖地印在老鸟心上，对业务熟得不能再熟的老鸟，肯定在心里OS："哈哈！算你有眼光。"

但是菜鸟可别自作聪明，老鸟的时间宝贵，想请教对方，一定要选对时间，利用老鸟有空档的时候请教，别在他最忙的时候冲上前当炮灰，也千万别拖到最后一刻才匆匆忙忙要前辈帮你救火。客气地向对方开口："不好意思，占用你一点时间就好。""有空吗？想请你指点我一下。"过程中切忌占用对方过长时间，或不断劳烦对方，而且要明白表达对占用人家时间的歉意。当然，如果老鸟越讲越 High，甚至都忘了时间，那可要把握机会，好好把绝学全部记下来。

要注意，请教的过程中，有些不合时宜的话绝对不能说出口。例如，老鸟好心转给你的资料，可能已经过时了，Pass 给你的资讯可能已经超过报名时效，这时不要直接说："吼！不早点拿出来！""现在已经没什么用了！"免得让老鸟心里觉得不是滋味，从此把你列入拒绝往来的黑名单。

在对方倾囊相授后，记得要借请吃饭或送小礼物等方式表达谢意，若怕做得太假，可以说"团购时顺便帮你带了一包""老家带来的特产，帮忙赏点光"，让对方无法说不、欣然接受礼物，就能在老鸟眼中显得够上道。

当然，破冰之余也不要忘了平日耕耘。资深同事可能对时尚、3C 等流行事物不太熟悉，当前辈搞不定智能手机、平板电脑，不知该买什么新玩意送给小孩时，可以主动帮忙解决，介绍有哪些 App（应用程序）好用，拿出自己的看家本领相助。平常若有些粗重、跑腿的工作，年轻一辈也该抢着帮忙，有事弟子服其劳，才能持久享有前辈关爱的眼神。

重点心法：真心佩服对方长处，谦虚请教并热诚致谢。

其他 OK 说法

- 前辈有空吗？这方面没人比你更熟了，有个小问题想请教一下。
- 这类案子都是你做的哦！好厉害，可以占用一点点时间请教你吗？

其他 NG 说法

- 这我不会做，明天就要交了，怎么办？

哪些情境也适用

- 向公司电脑高手请教。
- 请求跨部门同事提供 Know-how（技术）支持。
- 老鸟向菜鸟求助搞定智能手机。

同事篇

情境 24

同事向我抱怨上司、同事，该如何应对？

同事：

吼！我刚又被领导骂了一顿，都是那个新来的××，事情还没做完，就先落跑……

NG 说法 ✗

好恶劣！你真是衰到爆。

OK 说法 ✓

哇！如果发生在我身上我也会抓狂，但他可能有他的原因吧！

这样说不会错

1. 先拍拍对方的背。
2. 表达同理心。
3. 再灭火。

林世伟解析：

当同事愤怒地大骂领导如何难搞、抱怨同事如何菜鸟时，句句愤恨烧得你耳朵发烫，这时候你若回答"还好啦""没那么糟糕"，显得自己很做作；若不理同事，则显得不近人情；但若随之起舞一起骂，话传开后，则可能会得罪其他人。

面对这种两难状况，如何四两拨千斤，既满足对方发泄的需要、又能明哲保身？其实没你想得那么困难。

首先，同理对方的确受了委屈，表达"你心里的苦，我懂"。人难免有抒发负面情绪的需要，大多时候，同事只是需要找个人说话发泄，骂完后心里舒坦了，警报自然就会解除。这时只需要倾听、拍拍他的背，就能成为支持他的力量。

但是，如果同事依然深陷在委屈的情绪中无法自拔，应试着委婉地给予正面思考能量，想办法让他冷静下来。例如，请他想想对方可能也有压力、有这么做的原因，转念用另一种方式思考，让他避免深陷受害者心态。有时，提一些"生气只是惩罚自己"的老生常谈，也能让他避免进入越骂情绪越低落的负面循环状态。

这时也可以应用心理咨询常用的小技巧，比如只单纯重复对方的话"你说你对那件事一直耿耿于怀""你刚刚说他对你有成见"等，这时抱怨者往往会接话再进一步阐释自己的想法，或是发现自己说法有语病而进行修正，不会卡在坑里做没建设性的抱怨；或者也可以询问抱怨者"你认为要怎么做才能解决问题""你觉得可以向哪些管道求助"，引导他进入找解药的步骤。

要注意的是，在这过程中必须以平等的态度应对，别为了让对方开心，而跟着一起谩骂，这只会变相鼓舞他继续口出恶言，对沸腾的情绪火上加油。而且，保持同理与冷静、温和的态度，也能避免同事把你当垃圾桶，占用你的宝贵时间一直碎碎念。一些喜欢放大负面情绪的人，遇到你的冷处理，自然会识相地找别人当垃圾桶啦！

但是，若他面临的情况真的很糟糕，或真的遭遇到很不公平的待遇，的确需要协助时，你就该帮忙出些实际可行的好点子，或是在评估过自己的能力后，在不会演变为"公亲变事主"的前提下，告诉他："我跟领导的沟通还可以，要不要我去帮你讲讲看？""那个人我也熟，也许我可以帮你们制造个机会谈一谈。"帮他牵个线，协助调停，把他从水深火热中拯救出来。

重点心法：以维持平衡的态度让他发泄，引导正面思考、避免火上浇油。

其他 OK 说法

- 真是辛苦你了,下次要不要换个方式,跟他沟通看看啊?
- 我跟那个人沟通还可以,要不要我去帮你讲讲看。

其他 NG 说法

- 真差劲,一定要找机会让他好看!
- 对呀,×××最难搞了!他上次还对谁讲难听的话。

哪些情境也适用

- 同事大骂婆婆等家人。
- 同事被客户搞得很毛。
- 小领导背后说大领导难搞。

情境 25

爱八卦的同事找我聊天，该怎么拿捏谈话内容？

同事：
我告诉你，听说某某已经被干掉你们部门的头儿，确定要提升他了。

NG 说法 ✗
对啊，不知道是不是因为他上次得罪大老板。

OK 说法 ✓
原来你早就知道这件事，太厉害了！
（不发表其他意见）

这样说不会错

1. 只告诉对方已公开的事实。
2. 赞美对方情报灵通。
3. 用对方的发语词回话。

林世伟解析：

流言传来传去，不知道何时能平息。办公室的"八卦中心"热爱找人聊天，就是借由大量与人交换情报来获取最新八卦。若躲他们远远的，小心从此全公司都说你高傲不理人，不论各种离职、裁员的消息，你都落得最后一个知道；若与他们靠得太近，却又可能成为最佳男女主角，被流言是非缠身，被误会为谣言传播者。

为了对"八卦中心"表示友善，有的人会拿公司机密或别人隐私交换情报，然后又拜托对方千万别说出去。有的人则随之起舞，把听来未经查证的八卦，又传给第二、第三人。这些都是非常 NG 的做法，前者等于破坏朋友间的信任，还可能违反公司规定，面临被扫地出门的后果。后者则有很大的机会被指为谣言传播来源，对自己的办公室形象相当不利。

其实，要应付"八卦中心"的刺探并不难，只要用三句话当安全牌，就能保你全身而退，甚至还有机会更进一步取得最新内幕。

安全牌说破了很简单，就是只用已知的事实与对方应答，避掉所有可能祸从口出的机会，当对方表示早就知道了，这时就用力赞美：你好厉害！

已知事实，那不会很无聊吗？其实，同样的话，可以有不同的说法。诀窍在于，要用"八卦中心"的说话方式与他沟通，拿"你有没有听说""你知不知道"当发语词，来同步彼此的沟通频率，但谨记讲的内容必须是不需要保密的事实。

而且，过程中绝对不能为了附和对方，讲出臆测性的话，如"我猜公司一定是准备把他逼退啦！""我也听说他好像准备跳槽了耶！"纵使你真的曾听过类似的风声，在未公开、未确认前，都只是谣言，仍应避免话传开来，误了自己名声。

不过，"八卦中心"当然不是省油的灯，听到你说的这些事，他一定会很快回答：早就知道了。此时也不用觉得丢脸，只要诚心赞美他："你的消息好灵通！""太厉害了，什么事你都第一个知道。"当"八卦中心"被赞美得飘飘然，一开心，还可能对你透露更多情报，来证明自己真的是情报界第一把交椅。

要注意的是，获得这些内幕消息后，切忌再传播出去，让谣言止于自己，否则你也会变成另一个让人又爱又恨的"八卦中心"。

而当你每次都满足了"八卦中心"炫耀情报的欲望，说不定还可以交上朋友，跟知名日剧主角半泽直树一样，有位小道消息一堆的渡真利忍当朋友，在职场上不论打仗或复仇，都能情报灵通、无往不利！

重点心法：用对方的发语词沟通，将谣言止于自己。

其他 OK 说法

- 你的消息好灵通!
- 你有没有听说公司要派××去美国?(拿多数人已知的消息闲聊)

其他 NG 说法

- 你听听就好别当真,××好像要跳槽了。(泄露未公开的事)
- 我昨天看××去领导办公室,八成又去告状。(加入个人想象)

哪些情境也适用

- 同事打听升迁名单。
- 同业探听公司机密。

同事篇

情境 26

如何回应别人对自己的批评？

同事：

你提出的跨部门专案，成本太高，执行可能会有问题！

NG 说法 ✗

不会啊，我觉得没什么问题。
（关上耳朵，不予理会）

OK 说法 ✓

谢谢你的意见，我再想一想。

这样说不会错

1. 平静收下对方的意见。
2. 表达改进的意愿。
3. 微笑，避免恶语相向。

王介安解析：

批评有两种：一种是对事的建设性批评（Critique），另一种属于对人的批判（Criticism），面对这类情境，关键在于无论对方用何种态度表达批评，都要克服心理的不适，用平和的态度回应。也因为心里真的不好受，不用硬装宽宏大量，讲两句无关痛痒的话即可。

这是基本款的回话方式，"基本款"即：无论是否同意对方的批评，也不管批评是对事或对人、理不理性，甚至正确与否，简单回复几句话，并且双眼诚恳地直视对方，多数人的语气便会缓和下来，你用不着觉得没有为自己辩护就是软弱的表现，事实上你的回复，是肯定对方的发言权，不是同意对方的意见。注意说话态度要平和轻松，尽量避免语气愤愤不平、言不由衷。这需要练习和控制，久而久之自然会养成习惯，没有人天生就是虚怀若谷的。

你或许觉得这样很假，对方的批评很可能充满误解和人身攻击，为什么我要退让？不过，这不是退让，而是为自己争取更多的回应空间，万一对方说的是对的，只是表达不良，而你预留空间事后反省，进步的是你，有什么不好？万一对方说错了，你这么说，很简单就把对方的恶言阻绝在外，让自己免于负面能量的攻击，更好！

有少数的情况，对方提出的批评，刚好也是你正在思考的自己的不足之处，倘若说中你的心事，何不直接表明"其实我也有同感，正在伤脑筋"。当下讨论，说不定对方会指出盲点所在，提出具体可行的方案，不但化解了即时的尴尬冲突，经过讨论，还可以拉近彼此的距离，从此多个直言互谏的朋友，一举数得。

如果你深深感觉被对方冒犯，因情绪激动讲不出任何话，此时不用勉强自己说话，送对方一个微笑，然后，离开这个令你不愉快的场所。

日本巨富、累计纳税金额日本第一的斋藤一人曾指出，语言对于人类来说非常重要，如果说心是容器，那么装进心里的水就是语言；说好话，能让人变得幸福，说肮脏的话，会带来不幸。可是因为人脑具有保护自己身体的本能，所以总会以发生坏事为前提思考，换言之，人脑习惯提早担心、往坏处想，就会说出烦恼、不悦的话，以致心里的水无法变得清澈，无法成功、无法过得幸福。

因此，面临那种突如其来的批评或领导的人身轰炸，需要练习跳脱当下情境，避免讲出伤人伤己的话，让肮脏的水滴进心里，也就离成功和幸福越来越远了。

重点心法：理性控制，切忌恶言相向。

其他 OK 说法

- 其实我也有同感，正在伤脑筋。（若一时不知要回应什么，微笑即可）

其他 NG 说法

- 不然你来做做看。
- 都是××的缘故。（开始怪罪别人）

哪些情境也适用

- 被领导不分青红皂白地臭骂。
- 在家中被爸妈狂念。

同事篇

情境 27

同事要求我帮忙，如何婉拒？

同事：

这部分我一直搞不定，你可以帮个忙吗？

NG 说法 ✗

我也没办法啊。

OK 说法 ✓

真抱歉，我正在赶一个专案。
建议你可以找 ×××，
应该能解决你的问题。

这样说不会错

1. 态度诚恳。
2. 解释无法帮忙的具体原因。
3. 提出建议方案。

林世伟解析：

在职场上，同事间互相帮忙是很常见的事，更是奠定良好合作氛围、友善工作环境的基石。但有时候你因为太忙、不熟悉相关业务或特殊原因，真的没办法提供协助，仍该学会用适当的回应来婉拒。

想一想，同事找你帮忙，就是因为认定你是这方面的专家，或是认为你们俩的交情还不错，才会选上你。最 NG 的做法，就是不说明原因，直接回绝"我很忙""没办法""找别人"，在同事听起来实在太伤感情，也否定了他对你在能力与情感上的肯定。

关键是，让对方觉得你用心考量过他的状况，只是碍于现况无法提供协助。千万别直接脱口说出 NO，而要先说明自己为什么不适合、不方便帮忙。

在态度上展现诚恳，而且必须用对方听得懂的简单逻辑，解释你无法帮忙的原因。例如，不要只是回答"我现在没时间""这个我不熟"；而要向对方说："我正在帮领导赶一个急件，能不能下午再说？""这个我比较陌生，怕帮了倒忙，要不要问问别人？"

有时候，一个要花他两天找答案的问题，你可能只要两分钟就能解决。这时，套一句广告词，"再怎么忙……"还是要喝杯咖啡？哦！不是，是再怎么忙，只要花五秒转转大脑，发挥同事爱，帮他想想还有什么替代方案、还有什么人可以提供协助、还有什么相关资讯可以提供，为他找 Second Choice（第二选择）。

"我觉得你也许可以去找××，他应该更有办法帮你。"或是说："我觉得你可以用另外一种方式解决，会比找我更快更好。"指点他"档案柜数下来第二格，可能会有你需要的资料""打电话问问A厂商，他们应该会乐意当报马仔"。如果连帮忙想一下的时间都不愿意花，那对方很容易就觉得你只是在推托。

但不可避免地，这招偶尔也会NG，通常会发生在与新同事或不熟悉你的人互动时，你婉拒后，他们仍可能觉得你是找借口不想帮忙。这时请别放在心上，你已经尽力了，形象与评价是靠累积的，长时间下来，他们还是能体会到你的善意的。

换个角度想，遇到这种情境，另一种大NG则是不懂得拒绝。有时你怕伤了同事的心，硬着头皮答应下来，结果揽了一堆不属于自己的业务，不但拖延了自己该做的工作，答应帮忙做的事，品质恐怕也好不了。所以，学会适当拒绝，可是职场上的必修课哦！

重点心法：用心帮忙想第二种解决方案。

其他 OK 说法

- 这个我其实不熟,我建议你上员工网站 A 区,里面有参考资料。
- 领导等一下要找我开会,要不要试试找 B 同事?他是这方面的专家。

其他 NG 说法

- 吼,我很忙啊!
- 那个我不懂,你找错人了。

哪些情境也适用

- 婉拒客户的要求。
- 拒绝当朋友随叫随到的烂好人。

情境 28

对同事做得不够好的地方，如何做建议？

> 我已经花了三天三夜在赶工，到底还要挑剔什么？

NG 说法 ✗

我觉得这里不太好！

OK 说法 ✓

你这次做得不错哦！其中这部分，我建议换个方法也许更好。

这样说不会错

1. 肯定对方想把事情做好。
2. 提出问题，确认对方的想法。
3. 指出对方可以改进的地方。

林世伟解析：

要知道，除了极少数人是存心要捣乱、故意想把公司弄垮以外，职场上大多数的人都想把事情做好，只是，有时候天不遂人愿，难免会出错。如果一看到同事没把事情做好，就发声指责，不但没办法帮助同事把事情改正，还可能让气氛变得更僵，自己的人缘也会变差，沦为人见人怕的"指正魔人"。

更多的情况是，当自己战战兢兢找同事客气地指出问题，万一措辞不对，还是会造成伤害。因为人人都有防卫心理，只要一听到"你做得不好"，除了修养很好的人，大多数人还是会产生防卫心，使沟通难度大增。

开口前，先确定你自己的判断是正确的。再三确认一下，对方真的做得不好吗？对方也不是太笨的人，有可能根本是自己搞错了，请避免在未详谈之前妄下结论，以为自己的建议才是最好的，务必看看有没有疏忽的地方。

开口的第一件事，是肯定同事这么做，都是为了完成任务。简单一句"辛苦了！"或说"我看你很努力哦！"都是很能打动人心的肯定句。

之后则进入关键部分："我知道你想达到某某目标，我有个想法，这样做也许会更好。"这个例句可以分两部分解说，首先，确认对方工作要完成的目的是什么，是否与你想象的不一样。再来，保持谦逊，用"可能有帮助""也许会更好"来淡化指正的火力，以友好的态度提供建议。

每个人的做事方法都有自己背后的逻辑，"你觉得这个任务最重要的关键点是什么？"先了解他为什么这么做，也许那是为了避免潜在风险才选的折中做法。或是中间发生了意想不到的变化，成品才演变成最后的模样。确认过目标与背后的逻辑无误，之后就能进入改善建议的实质内容。

如果你的职位高于同事，可以用上对下的教练态度，对资历浅的人教他怎么思考，慈爱地说："这部分我有些想法，想找你聊聊，看看怎样把事情做到最好。"或是说："你自己觉得，还有哪些部分有改善空间？""有这次经验后，你认为怎样做会最好？"

若你的职位比同事略低，下对上时就像对客户推销，理论上你要听他的建议，所以要多用点心，找适当的机会与时间点开口。回应重点在于：知道他为什么会这样想。可以谦逊地发问："能不能请教你，为什么你要这么做？背后的原因是什么？"之后再就自己的想法与高职位同事讨论，不着痕迹地传递出个人建议。只要你的建议很中肯，还可能因此与高阶同事的友谊更坚定呢！

重点心法：先说出肯定句。

其他 OK 说法

- 辛苦了！我有些想法，也许可以提供你当参考。
- 很累呀？你那部分，我觉得这样做下次会更好。

其他 NG 说法

- 这是在做什么？
- 这一定会被批评。

哪些情境也适用

- 对伴侣、同学、父母长辈、兄弟姐妹提供改善建议。

同事篇

情境 29

下属向我抱怨其他组员时，该如何回应？

下属：

拜托领导，你管管那个××吧……（一长串抱怨）

NG 说法 ✗

你说得对，我来说说他。

OK 说法 ✓

谢谢你告诉我。如果你是他，你觉得怎么做会更好？

> **这样说不会错**
>
> 1. 要求抱怨对事不对人。
> 2. 请抱怨者提供进一步资讯。
> 3. 要抱怨者肯定对方做得对的地方。

林世伟解析：

职场上，人际相处难免有摩擦。当手下管理的员工出现纠纷，领导能否智慧处理，决定了团队的士气与合作氛围。

想想看，如果领导对抱怨轻描淡写冷处理，不只问题无法解决，还可能变成不知何时会爆炸的焖锅；更怕下属不服气，从此对你的领导能力有质疑，渐渐不服指挥。但如果处理过度，扩大争端搞得两名下属从此水火不容，让办公室气氛不佳，拖累团队效率，最糟糕的是，还可能造成大将出走。

面对这类身为领导一定会遇到的难题时，回应时请谨记以下原则。

对事不对人是基本要求，若下属抱怨时只是拿情绪轰炸，这时就应该制止他，表达你不愿意听人身攻击、情绪用词的内容。让他知道，你能主持公道或是能排解的纠纷，仅限于事件本身，不会在情绪上与他一个鼻孔出气。

来抱怨的人有两种，一种是他抱怨有理，另一种是他误会了。但是千万不要一听片面说辞就劈头回应"你搞错了"或是"你说得对"。因为，领导也可能被误导或是自己没搞清楚。这时，最重要的是，要肯定他愿意来反映，但不能马上下结论说他对或错。请对方再进一步解说，不只自己能有进一步的资讯与时间思考，也能让抱怨者试试穿对方的鞋子。

肯定抱怨者，是鼓励团队一有冲突就提出讨论，如果只想息事宁人，一味地责备来抱怨的下属过于小心眼，只怕会养成下面的人凡事抱着乡愿的态度，让问题如冰山，表面看来不大，水里却已暗潮汹涌，等爆发时就一发不可收。

"如果你是他，你觉得怎么做会更好？"或说"换成是你，你会怎么做？"借由换位子的询问法，请他提供更多的资讯，拿出"想抱怨可以，但要先说说那个人哪些部分做得不错"的态度，让前来抱怨的人先练习肯定对方。领导也能够借此了解详情，做出正确的判断。

身为领导，最好的做法，其实是让他们试着自己沟通，如果双方有把事情做好的共同目标，能站在对方立场思考，理性地提出建议，也许还能意外造就出不打不相识的效果。但若双方无法自己解决，非得领导出面，这时公平性就很重要。

调停时，先肯定双方的目的都是对的，只是做法上出现差异。"你们都是为了公司好，在这件事上，就我的看法而言，这么做是最有帮助的。"如果双方都同意抱怨事件的关键点，理解同样的叙事逻辑，这时理亏的一方想要强辩，想必也很难了。

重点心法：换位思考、保持公正。

其他 OK 说法

- 谢谢你告诉我。你觉得，他哪些部分其实已经有改进了？
- 你认为，他这么做背后的原因是什么？

其他 NG 说法

- 这件事没那么严重啦，你就忍一下吧！
- 他真的这样？好，我会处理。

哪些情境也适用

- 孩子互相告状。
- 员工抱怨客户太难搞了。

同事篇

情境 30

伙伴犯了错，该如何向领导说明？

领导：

电脑系统出了问题，这次让公司损失很大。

NG 说法 ✗

××做错了，我们已做处分。

OK 说法 ✓

我们为了达成目标
做了些新尝试，内部已经检讨了，
请问您有时间听一听吗？

这样说不会错

1. 承认错误。
2. 说明目的正当性。
3. 分析错误原因，提出解决方案。

林世伟解析：

下属犯错了，一味把责任往下属身上推，不只显示自己没担当，下属也会瞧不起这个没担当的领导。但若逞英雄地把全部责任揽在自己身上，只知道拿出"提头来见"的愚勇，可能导致上司看在情面上不追究，却错过为公司制度抓漏、真正检查问题的好机会。

组员犯错有两种形态，要先确定他犯的到底是什么错。不可原谅的错误，当然是马上报告，如发生操守、纪律上的问题，做出利己自私的行为，这时越早向上司报告越好。报告内容必须说明事发经过，以及你决定做出的处分，并应检讨如何预防未来有人再犯。

另一种形态是，组员的出发点是好的，但因做法不完美，或是搞错了关键细节，导致公司蒙受损失。这时你要有正确的观念：真正的领导人都会愿意给下属尝试、犯错的空间，让他们从错误中修正学习，如果不给犯错的机会，将导致下属不愿意尝试新挑战，故步自封，很难在业务上做出突破。所以，不论你身为小领导，或是向你的上司报告时,都该谨记或向上管理传达这个观念。

首先,承认错误很重要,一直替自己与团队做辩解,只会造成上级领导反感。而且,唯有正视错误,你才能真正解决问题,进而处理。

其次,说明组员这么做是为了公司好,是为了达成公司的哪一项目标,因此做了新的尝试,或是对于不熟悉的业务大胆出手,才犯下错误。向老板承认:"其实我们可以有更好的表现。"并说明已经采取了哪些弥补措施,让损失降到最小。

向老板认错后,最重要的是分析原因。因为老板会纳闷:为什么你的团队会犯错、别的团队就不会?你应该说明到底哪个环节出了问题、可以做什么样的改善。有时候,组员犯的错,纯属是粗心大意,也应该在此时检讨流程,如何加入检核步骤,避免同样的情形再发生,未来能增加什么样的效益,这才能展现出这个团队负责任的态度。

甚至,你可以寻求老板的协助,提出请求,请他提供支援或是相关资源,协助团队解决问题。但前提是,你必须分析问题的根源、提出自己的改善计划,才能向老板要东西。

其实,发现组员犯错时,第一时间就要注意,千万不要一口咬定,就是那个人的错,或是马上揽下来说都是自己的错。因为,有些错误发生时,并不该去追究谁的错误,问题其实出自制度与流程,唯有正视问题,才能好好利用这个机会发现企业文化、公司规定上的漏洞。

重点心法:一定要能提出改善方案。

其他 OK 说法

- 这次专案,我们的表现还有很大改善空间,请让我为您报告一下好吗?

其他 NG 说法

- 我的组员犯了错,我负全责,要处分就找我吧!
- 那个"菜鸟",我已经叫他明天不用来上班了。

哪些情境也适用

- 向客户报告失误。
- 对董事会解释业绩下滑原因。

第三章

善用 Line（或微信），沟通无往不利

Line 是中国台湾最常用的聊天软件，Line 和微信都有即时通信、语音聊天、发送多媒体信息这样的标配功能，同样二者也都推出了自己的公众账号平台。本章内容以 Line 为媒介与读者分享沟通的方式，以供使用微信平台的读者参考。

沟通专家

林萃芬 / 咨商心理师

俞国兴 / HotelsCombined 香港与台湾区经理

晋丽明 / 104 资深副总经理

黄钟毅 / "电脑人"出版社主编

陈禾颖 / KKBOX AST 副总

陈怡君 / 爱尔达电视执行长

陈宪祥 / 雄狮旅游行销经营企划处总经理

情境 31　**领导早也 Line，晚也 Line**

领导总是晚上（Line）我、周末也（Line）我，该怎么争取私人空间？如果暗示领导，会不会被黑掉？

你可以建立彼此使用 Line 的默契，让领导知道"我很尽责，但不愿下班后一直工作"。

在《商业周刊》2014 年的"Line 职场沟通大调查"中，近五成的员工最讨厌领导下班之后还传 Line 讨论工作或交办任务。面对这种困境，许多上班族会采取先不点进对话框、只预览信息，利用"未读未回"替自己争取休息时间，虽然这样可偷闲一时，但终究治标不治本，无法放松紧绷的神经。

下班后总是将 Line 关静音的黄钟毅表示，假设不是必须马上处理的事项，其实可以中性地跟领导说："收到了，谢谢，我早上再回复你。"让领导知道自己接收到了信息，并会在什么时候处理。

如果任务一来，总是不分缓急就马上执行，并给予答案，久而久之，领导会习惯在你下班后也交办任务，让自己越来越累。晋丽明则提醒，领导毕竟是手握权力，并为团队绩效负责的人，应主动肩负与员工拟定 Line 使用公约的责任，让自己跟下属都清楚地了解使用的分际。

> 情境 32

搞什么？群组同事都在拍马屁

当同事纷纷向领导嘘寒问暖、拍马屁，大家都争相邀功，或互推过错，我该不该表态？

你可以适度表态，不要成为群组里的黑羊。在职场里，沉默未必是金。

Line 群组中，谁发言、谁没说话，透过文字形式，看得比实体世界还清楚。

因此，擅长职场沟通的林萃芬建议，当大家对领导示好甚至拍马屁时，最好不要沉默，也跟着赞美两句，才不会显得格格不入，特别是群组的发起人就是领导本人的话，那通常代表领导喜欢与同事互动、喜欢被簇拥的感觉，更不能在这种时候置身事外。

同样地，当同事争功诿过时，若涉及自己，完全不作声可能会吃亏。但林萃芬建议，回应时应尽量以中性的语言回应，毕竟群组里的任何对话都会留下记录，虽然自己是只对群组成员发言，但事后这些字句，很可能被群组中的某个人再转发给别人，容易被断章取义。因此，回应时应该谨慎，不要有太多情绪性用词。

情境 33　**领导发火，公开"修理"我**

在群组中被领导骂的时候，我该马上致电道歉，还是先用 Line 回应，或者私讯回复？

你最好的选择，是简单道歉止血，把战场转移到线下世界。

根据研究，沟通时，非语言的信息传递其实比语言更重要。因此，Line 虽然即时，但却缺乏表情、肢体与声调，其实不是最好的沟通方式。晋丽明建议，在 Line 上，只要简单地跟领导表达歉意就好，更详细的解释或是道歉，最好通过电话或当面沟通，把战场转到线下世界，对自己较有利。

如果面对同事在群组内遭到领导指责时，也是持同样原则，线下的沟通重于线上。林萃芬认为，最好的做法是，用电话或当面对同事表达支持，至于在群组上，顶多按个加油打气的贴图就可以，不需要说太多，免得领导棒打出头鸟，自己也受累。

情境 34　好想低调退出无聊群组

群组跟我关联不大，如果一声不响退出会不会没礼貌？大张旗鼓会不会被认为多此一举？

你可以打声招呼，总比不说好。别让人在背后猜疑，礼多人不怪。

晋丽明认为，与其一声不响地退出，不如把话说清楚。他举例，日常生活中要是参加了某个团体，觉得没有达到目的想退出，就直接不告而别，大家难免会猜忌，是因为与某人交恶吗，还是团队的运作太差？

Line 的群组其实就是把现实世界的团体搬到手机里。晋丽明认为，与其让人在背后猜测，不如先告知群组负责人，然后在退出前，简单向群组成员说明。但他提醒，要是群组的领导者，很明显是作风强势的领导，那最好还是忍耐一下，不要随便退出，免得被扣印象分。

情境 35　**不得已要用 Line 请假**

用 Line 请假，是职场禁忌吗？有没有方法让用 Line 请假变合理，不被领导扣分？

　　你可以用诚意，补手续，完成工作交接。关键其实在于表达尊重，不在告知的工具。

　　用 Line 请假是职场禁忌吗？数字告诉你：未必如此。根据"Line 职场沟通大调查"，其实只有近三分之一的领导不能接受员工用 Line 请假。

　　每天工作都会用到 Line 的陈禾颖认为，其实领导在意的是，员工告知请假后，后续有没有安排好同事代班，同时按正常流程补手续，让领导感觉自己被尊重，而非随意敷衍。

情境 36　啊！误传抱怨信息给领导

传给朋友或情人的简讯误传到工作群组，甚至误把抱怨工作的信息传给领导，怎么处理才不尴尬？

你可以乘机检视，自己使用 Line 的习惯是否轻浮。

联络公事时，你的 Line，其实就是线下办公室的延伸。误传信息给领导，当然得诚心道歉，但更该检讨，自己用智能工具的态度是否太轻佻了。

例如，你是否常不经大脑思考就发送信息，或你 Line 上的群组与联络人已多到你认不得谁是谁？除了可以善用 Line 内建的"我的最爱"功能，以及更改联络人清单内的好友名称，帮助记忆，整理排序，更该改正自己平常说话太不小心的习惯。

情境 37　线上检讨会，凡骂过必留下痕迹

保险业务员没跟客户详细解释新保单内容，在 Line 回报本来到手的保单飞了。就因为这样，这个月业绩没达标，连基本工作都做不好，真想直接在 Line 开骂。

你可以对事不对人，另约检讨会议时间。

领导在 Line 上的发言都必须回到沟通目的，指正是要让大家检讨错误避免再犯。或只是想抒发情绪？后者绝不适合用 Line。在 Line 上开骂，会让其他员工觉得你是情绪化的领导。

陈怡君认为在 Line 上检讨公事只能对事不对人，先点到为止，另约检讨会议当面讨论。Line 只有文字，没有表情，容易让员工会错意，更不适合讨论复杂事务。如果你是中层领导，别忘了 Line 不只有员工在看你，老板也在看你，乱骂人是会留记录的。

情境 38　已读 20……没人回应也太凄凉

Line 群组里全部"已读",但信息犹如石沉大海,没人回应怎么办。

你可以指定负责人、条列重点、文字精简。

"已读不回"是领导最讨厌的下属白目行为的第二名,但是领导得先检视自己发出的信息是否清楚,是否会让员工不知如何反应。多数人是公私事互相交替用 Line,私领域的 Line 闲聊打屁可以没头没尾,如果私 Line 的语言用在公 Line 上,下属会不清楚你的意思。

再来,你是否没有指名要谁回答,下属就可以打马虎眼。陈宪祥把公司 Line 当成发公文般谨慎,一定写"to"指名谁负责,"cc"(副本抄送)指名谁应该知悉。

陈怡君晚上则常用 Line 分派任务,她会条列"重点(告知下属是要发布信息、交办任务或讨论)""目标""负责人"和"期限",按 Enter 前再从头到尾检查一次,否则信息模糊,下属还要再确认,不如用电话沟通快。

例如,领导发送"两罐饮料八八折的促销活动不如预期",这是无效沟通,好的写法应该是:"两罐饮料八八折的促销活动不如预期,小李,你认为该怎么调整,明天十点报告。"指名以及告知目的和交办任务,下属就得回应。

此外,多数人用手机收 Line,手机画面小,文字最好精简在三百字左右,字太多代表任务复杂,应改用电子邮件和电话联络。

第三章　善用 Line(或微信),沟通无往不利　143

情境 39　时间就是金钱，我的钱都花在回 Line

手机被一千多条 Line 塞爆，大部分都是不重要的信息，却又忍不住花半小时回复，结果重要工作一直拖延。

你可以善用"关闭提醒"功能，先看紧急、重要的群组信息。

《商业周刊》的"Line 职场沟通大调查"显示，由于领导的时间成本很高，最困扰领导的前三名分别是"公私界限模糊""被加入无关工作的群组"及"花太多时间回应 Line"，都与时间管理有关。

陈宪祥的手机里，至少有近三百个 Line 群组，一天上千条信息，使用 Line 管理公司三年。他认为，约有 10% 的 Line 真正需要领导核准或提供意见，90% 都是看过即可；而让时间碎片化的元凶，是被九成无关紧要的 Line 打扰。

中层领导最常遇到 Line 太多的困扰，疲于回应 Line，通常有三种原因：第一，无法区分紧急或重要的优先顺序；第二，担心自己已读不回，会造成员工困扰；第三，下属无论紧急不紧急都 Line 你，这也是领导最讨厌下属的白目 Line 行为第二名。

避免浪费上班时间处理"狼来了"的信息，俞国兴建议第一种情况以"紧急"和"重要"画出四象限，只打开落在紧急、重要与自己担任专案负责人的群组提醒，其他则关闭提醒。工作告一段落后，再看其他不紧急但重要的Line，就寝前"当日Line，当日毕"。需要不被打扰，则善用内建"关闭提醒到早上"的功能，则可减缓时刻备战的精神紧张。

第二种情况可先以"收到，晚点回复"告知下属。第三种情况则建议事先跟团队建立Line默契，减少被打断工作的困扰，像俞国兴就跟下属有默契，如果事情允许在一小时内回应，才可用Line，非常紧急的事情则一定用电话告知。

情境 40　被加入太多无关的工作群组怎么办？

部门领导成立每个专案群组都发邀约给我，接受后有 99% 的信息都跟我无关。

你可以视邀约对象再决定是否加入，一旦加入了千万别无故退出。

被加入无关的工作群组，是最困扰领导的第二名。如果是领导发出邀约，最好选择加入，因为领导通常都认为需要告知你才会邀请你，但是加入后可关闭提醒，然后每天清查一次，以免日后领导问起，你却一问三不知。

如果是同事或下属发出相关度低的工作群组邀请，可以先不加入。若对方当面要求你加入，先问其邀约理由。如果是要让你掌握专案进度，可是你又很少使用 Line，那就请对方以 E-mail 告知等方式拒绝，以免加入后，漏掉重要资讯，对方则以你已加入群组，应该有看到信息，反倒背了黑锅。

千万不要加入后"无故"退出群组，退出就如同开会时，突然起身关门走人，这是对与会者不尊重的行为。Line 是三百六十度的旋转舞台，你的一言一行都会被下属、同事作为衡量你的标准，假设要退出，不如一开始就不加入，被问时还可以说"没看到邀约"打马虎眼。

图书在版编目(CIP)数据

3句话提升沟通力/商业周刊著.—北京:文化发展出版社,2023.6
ISBN 978-7-5142-3994-2

Ⅰ.①3… Ⅱ.①商… Ⅲ.①人际关系-口才学-通俗读物 Ⅳ.①C912.13-49

中国国家版本馆CIP数据核字(2023)第098196号

版权所有©商业周刊
本书版权经由台湾商业周刊授权
文化发展出版社有限公司简体中文版权
委任安伯文化事业有限公司代理授权
非经书面同意,不得以任何形式任意重制、转载。

版权登记号:01-2021-2388

3句话提升沟通力

商业周刊 著

出 版 人: 宋 娜	策划编辑:孙 烨	责任编辑:孙 烨
责任校对: 岳智勇	责任印制:杨 骏	
封面设计: YUKI工作室		排版设计:YUKI工作室

出版发行:文化发展出版社(北京市翠微路2号 邮编:100036)
网　　址:www.wenhuafazhan.com
经　　销:全国新华书店
印　　刷:固安兰星球彩色印刷有限公司

开　　本:880mm×1230mm 1/32
字　　数:150千字
印　　张:5
版　　次:2024年1月第1版
印　　次:2024年1月第1次印刷

定　　价:39.80元
ISBN 978-7-5142-3994-2

◆ 如有印装质量问题,请电话联系010-88275720